梁启超 著

梁启超谈修身

百花洲文艺出版社
BAIHUAZHOU LITERATURE AND ART PRESS

大家

图书在版编目（CIP）数据

梁启超谈修身 / 梁启超著. –– 南昌：百花洲文艺出版社, 2019.6（2021.3重印）
（大家讲谈）
ISBN 978-7-5500-3157-9

Ⅰ.①梁… Ⅱ.①梁… Ⅲ.①道德修养 – 中国 Ⅳ.①B825

中国版本图书馆CIP数据核字（2018）第290482号

梁启超谈修身

梁启超　著

选题策划	胡青松
责任编辑	余丽丽　辛蔚萍
书籍设计	方　方
制　作	何　丹
出版发行	百花洲文艺出版社
社　址	南昌市红谷滩区世贸路898号博能中心20楼
邮　编	330038
经　销	全国新华书店
印　刷	江西千叶彩印有限公司
开　本	850mm×1168mm 1/16　　印张 16
版　次	2019年6月第1版第1次印刷
	2021年3月第8次印刷
字　数	150千字
书　号	ISBN 978-7-5500-3157-9
定　价	29.00元

赣版权登字 05-2018-535
版权所有，侵权必究

邮购联系 0791-86895108
网　址 http://www.bhzwy.com
图书若有印装错误，影响阅读，可向承印厂联系调换。

目 录

CONTENTS

大家

好 修

《楚辞》曰：何昔日之芳草兮，今直为此萧艾也；岂其有他故兮，莫好修之害也。吾比年来所见人士，夙相期许者，往往不及数稔，便尔堕落。其堕落之形态，亦有两途：宦达于时，沈溺于声色货利，以此为天下之至乐，而弃所学所志若敝屣者，一也；潦倒不得志，则嗒然自丧，奄奄无复生人气，若已僵之蚕，且夕待死者，二也。推原其故，岂由性恶，亦曰所以自养者无其具耳。凡人于肉体之外，必更求精神上之愉快，乃可以为养，此即屈子好修之说也。好修之道有二：一曰修德，二曰修学。修德者，从宗教道德上，确有所体验，而自得之于己，则浩然之气，终身不衰，自能不淫于富贵，不移于贫贱，此最上也。但非大豪杰之士，未易臻此造诣，则亦当修学以求自养。无论为旧学为新学，苟吾能入其中而稍有所以自得，则自然相引于弥长，而吾身心别有一系着之处，立于扰扰尘劳之表，则外境界不能以相夺。即稍夺矣，亦不至如空壁逐利者，尽为敌据其本营而进退无据也。其道何由？亦曰好修而已矣。今日中国人心风俗之败坏，实为数千年来所无，此恶浊社会，正如一大洪炉，金银铜铁砾石，入者无不融化；又如急湍旋涡，入者无不陷溺。吾于芳草之变萧艾者，惟有怜之耳，岂忍责之? 且即吾身之能免融化能免陷溺否, 尚不敢自保, 又安能责人?惟吾辈正以处此社会之故, 其危险之象, 不可思议。愈不得不刻刻猛省,而求所以自卫。自卫之道, 舍好修无他术矣。夫吾辈一二人之融化陷溺,似不足深惜, 而不知国家之命, 实托于吾辈少数人之手。弱一个则国家之元气斫丧一分, 而此所斫丧者, 皆其不可复者也。嗟嗟吾党, 如之何勿惧。屈子又曰: 固时俗之从流兮, 又孰能无变化。又曰: 人生各有所乐兮,吾独好修以为常。

原载一九一○年《国风报》第十号

大家
讲坛

湖南时务学堂学约十章

一曰立志。《记》曰："凡学士先志。"孟子曰："士何事？曰尚志。"朱子曰："书不熟，熟读可记；义不精，细思可精；惟志不立，天下无可为之事。"又曰："学者志不立，则一齐放倒了。"今二三子俨然服儒者之服，诵先王之言，当思国何以蹙，种何以弱，教何以微，谁之咎欤？四万万人，莫或自任，是以及此。我徒责人之不任，我则盍任之矣！"己欲立而立人，己欲达而达人。""天下有道，丘不与易。"孔子之志也！"思天下之民，匹夫匹妇，不被其泽，若己推而纳之沟中。"伊尹之志也！"如欲平治天下，当今之世，舍我其谁？"孟子之志也！"做秀才时，便以天下为己任。"范文正之志也！"天下兴亡，匹夫之贱，与有责焉。"顾亭林之志也！学者苟无此志，则虽束身寡过，不过乡党自好之小儒；虽读书万卷，祇成碎义逃难之华士。此必非良有司与乡先生之所望于二三子也。朱子又曰："立志如下种子，未有播黄粰之种，而能获来牟之实者。"科第衣食，最易累人。学者若志在科第，则请从学究以游；若志在衣食，则请由市侩之道。有一于此，不可教诲，愿共戒之。先立乎其大者，则其小者不能夺也，此为大人而已矣。立志之功课，有数端。必须广其识见，所见日大，则所志亦日大。

陆子所谓"今人如何便解有志？须先有智识始得"。此一端也。志既立，必养之使勿少衰。如吴王将复仇，使人日聒其侧，曰："而忘越人之杀而父乎？"学者立志，亦当如此。其下手处，在时时提醒，念兹在兹。此又一端也。志既定之后，必求学问以敷之，否则皆成虚语，久之亦必堕落也。此又一端也。

二曰养心。孔子言："仁者不忧，智者不惑，勇者不惧。"而孟子一生得力，在不动心。此从古圣贤所最兢兢也。学者既有志于道，且以一身任天下之重，而目前之富贵利达，耳目声色，游玩嗜好，随在皆足以夺志。八十老翁过危桥，稍不自立，一落千丈矣。他日任事，则利害毁誉，苦乐生死，樊然淆乱，其所以相撼者，多至不可纪极；非有坚定之力，则一经挫折，心灰意冷，或临事失措，身败名裂。此古今能成大事之人所以希也。曾文正在戎马之间，读书谈学如平时，用能百折不回，卒定大难。大儒之学，固异于流俗哉！今世变益亟，乱机益剧。他日二三子所任之事，所历之境，其艰巨危苦，视文正时，又将过之；非有入地狱手段，非有治国若烹小鲜气象，未见其能济也。故养心者，治事之大原也。自破碎之学盛行，鄙夷心宗谓为逃禅，因佛之言心从而避之，乃并我之心，亦不敢自有，何其愦也。率吾不忍人之心，以忧天下救众生，悍然独往，浩然独来，先破苦乐，次破生死，次破毁誉。《记》曰："国有道，不变塞焉，强哉矫。国无道，至死不变，强哉矫。"孟子曰："富贵不能淫，贫贱不能移，威武不能屈，此之谓大丈夫。"反此即姜妇之道。养心之功课有二：一静坐之养心，二阅历之养心。学者在学堂中，无所谓阅历，当先行静坐之养心。程子以半日静坐，半日读书。今功课繁迫，未能如此，每日亦当以一小时或两刻之功为之。静坐时所课亦分两种：一敛其心，收视返听，万念不起，使清明在躬，志气如神；一纵其心，遍观天地之大，万物之理，或虚构一他日办事艰难险阻，万死一生之境，日日思之，操之极熟，亦可助阅历之事。此是学者他日受用处，勿以其迂阔而置之也。

三曰治身。颜子请事之语，曰："非礼勿视，非礼勿听，非礼勿言，非礼勿动。"曾子将卒之言曰："定容貌，正颜色，出辞气。"孔子言："忠信笃敬，蛮貊可行。"斯盖不得以小节目之也。他日任天下事，更当先立于无过之地。与西人酬酢，威仪言论，最易见轻，尤当谨焉。扫除习气，专务笃实，乃成大器。名士狂态，洋务膻习，不愿诸生效也。治身之功课，当每日于就寝时，用曾子三省之法，默思一日之言论行事，失检者几何，而自记之。始而觉其少，苦于不自知也；既而觉其多，不可自欺，亦不必自馁。一月以后，自日少矣。

四曰读书。今之服方领、习矩步者，畴不曰读书，然而通古今达中外能为世益者，盖鲜焉。于是儒者遂以无用闻于天下。今时局变异，外侮交迫，非读万国之书，则不能通一国之书。然西人声、光、化、电、格、算之述作，农、矿、工、商、史、律之纪载，岁出以千万种计，日新月异，应接不暇。惟其然也，则吾愈不能不于数十寒暑之中，划出期限，必能以数年之力，使学者于中国经史大义，悉已通彻；根柢既植，然后以其余日肆力于西籍。夫如是而乃可谓之学。今夫中国之书，他勿具论，即如注疏、两经解、全史、九通，及国朝掌故、官书数种、正经正史、当王之制，承学之士，所宜人人共读者也。然而中寿之齿，犹惧不克卒业。风雨如晦，人寿几何？若从而拨弃之，则所以求先圣之道，观后王之迹者，皆将无所依藉。若率天下人而从事于此，靡论难其人也；即有一二劬学之士，断断然讲之，而此诸书者，又不过披沙拣金，往往见宝，其中精要之处，不过十之一二，其支离芜衍，或时过境迁，不切于今日之用者，殆十八九焉。而其所谓精要之一二者，又必学者于上下千古，纵横中外之学，深造有得，旁通发挥，然后开卷之顷，钩元提要，始有所获；苟学识不及，虽三复若无睹也。自余群书，数倍此数，而其不能不读，与其难读之情形，亦称是焉。是以近世学者，

一譯出各書其量相越遠甚如遵之未得其道也

一西學各書其分類最難凡一切政皆出於學則政與學不能分非通幾學之能成一學非可歸兩類之能舉一政莫舉某政之各門又入兵政商務鑛學仰風要仇八天學而入化學而入電學厥名奇數名因其所重某學某政之各門重出者不能分今取便覽之故分區別其六門一門類之書其原可以入醫學必入醫學也又知金石攷地學類似宜歸地學類又似宜歸海重類而皆不安故歸雜類

一船之書甚參差然究之實不能分以工藝雖因工藝之書無不可推本於格致不安故附此等門亦非歸部之之異同人猶或惑之至今未有得法此事之艱久矣

海內君子十惠而教之為幸何如

算學重學在電化聲光汽等次之天地人物質力動植物等又次之算學通知四國為第一義故史志居首制學校政所由出入事故居末焉西政之屬以通知四國為第

五

者百數十種又製造局益智書會等處譯印書百餘種通商以來中國人著史志官制日報章日格致西人議論之書已別於大學彙函新法皆見書目附卷

閱華倫大書機所藏書見八萬種有奇之譯直幾牛耳西圖一毛耳西圖一切僅教號今僃諸彙爛實為致治之本富強之由今之譯出名者盡數牛之各書成舉在二十年前彼人視之已為陳言矣面目亦新者一出舊者盡廢如何窮變色如木欲使人鳴昒

陵閩其宜也欲求西書為國家欲目滅三百種者擇其精要而讀之於世界變之透閱土蓮異之原可以開矢智

曲折虛實略見而我猶拶拾裌拾管窺為之書附卷

一書外事其切實可明者亦其十種拶拾裌拾管窺為之書附卷

虽或浏览极博，研究极勤，亦不过扬子云所谓"绣其帨鞶"，刘彦和所谓"拾其芳草"，于大道无所闻，于当世无所救也。夫书之繁博而难读也既如彼，其读之而无用也又如此，苟无人董治而修明之，吾恐十年之后，诵经读史之人，殆将绝也。今与诸君子共发大愿，将取中国应读之书，第其诵课之先后，或读全书，或书择其篇焉，或读全篇，或篇择其句焉，专求其有关于圣教，有切于时局者，而杂引外事，旁搜新义以发明之，量中材所能肄习者，定为课分，每日一课。经学、子学、史学与译出西书，四者间日为课焉；度数年之力，中国要籍一切大义，皆可了达；而旁证远引于西方诸学，亦可以知崖略矣。夫如是，则读书者无望洋之叹，无歧路之迷，而中学或可以不绝。今与二三子从事焉，若可行也，则将演为学校报以质诸天下。读书之功课，凡学者每人设札记一册，分专精、涉猎两门，每日必就所读之书，登新义数则。其有疑义，则书而纳之，待问甀以待条答焉；其详细功课，别著之学校报中。

五曰穷理。瓦特因沸水而悟汽机之理；奈端因苹果落地而悟巨体吸力之理；侯失勒·约翰因树叶而悟物体分合之理；亚基米德之创论水学也，因入浴盘而得之；葛立里尤之制远镜也，因童子取二镜片相戏而得之。西人一切格致制造之学，衣被五洲，震轹万国，及推原其起点，大率由目前至粗极浅之理，偶然触悟，遂出新机。神州人士之聪明，非弱于彼也；而未闻有所创获者，用与不用之异也。朱子言："《大学》始教，必使学者，即凡天下之物，莫不因其已知之理，而益穷之，以求至乎其极。"近世汉学家笑之，谓初学之人，岂能穷凡物之理？不知智慧日浚则日出，脑筋日运则日灵，此正始教所当有事也。特惜宋儒之所谓理者，去实用尚隔一层耳。今格致之书，略有译本。我辈所已知之理，视前人盖有加焉，因而益穷之。大之极恒星诸天之国土，小之及微尘血轮之世界，深之若精气游魂之物变，浅之若日用饮食之习睹，随时触悟，见浅见深，用之既熟，他日创新法、制新器、辟新学，皆基于是。高材者勉之。穷理之功课，每刚日诸生在堂上读书。功课毕，由教习随举目前事理，或西书格致浅理数条以问之，使精思以对；对既遍，教习乃将所以然之理揭示之。

六曰学文。《传》曰："言之无文，行而不远。"学者以觉天下为任，则文未能舍弃也。传世之文，或务渊懿古茂，或务沈博绝丽，或务瑰奇奥诡，无之不可；觉世之文，则辞达而已矣，当以条理细备，词笔锐达为上，不必求工也。温公曰："一自命为文人，无足观矣。"苟学无心得而欲以文传，亦足羞也。学文之功课，每月应课卷一次。

七曰乐群。荀子曰："人之所以异于禽兽者，以其能群也。"《易》曰："君子以朋友讲习。"曾子曰："君子以文会友，以友辅仁。"直谅多闻，善相劝，过相规，友朋之益，视师长有加焉。他日合天下而讲之，是谓大群；今日合一堂而讲之，是谓小群。杜工部曰："小心事友生。"但相爱，毋相妒；但相敬，毋相慢；集众思，广众益。"学有缉熙于光明。"乐群之功课，俟数月以后，每月以数日为同学会讲之期，诸生各出其札记册，在堂互观，或有所问，而互相批答，上下议论，各出心得，其益无穷。凡会讲，以教习监之。

八曰摄生。《记》曰："张而不弛，文武不能也；一张一弛，文武之道也。"故君子之于学也，藏焉修焉，息焉游焉。西人学堂，咸有安息日，得其意矣。七日来复，先王以至日闭关，商旅不行，此古义之见于经者，殆中西同俗也。今用之，起居饮食，皆有定时，勿使过劳。体操之学，采习一二。摄生之功课，别具堂规中。（以上八条，堂中每日功课所当有事，以下二条，学成以后所当有事，而其基础皆立自平时，故并著之。）

九曰经世。庄生曰："《春秋》经世，先王之志。"凡学焉而不足为经世之用者，皆谓之俗学可也。居今日而言经世，与唐宋以来之言经世者又稍异。必深通六经制作之精意，证以周秦诸子及西人公理公法之书以为之经，以求治天下之理；必博观历朝掌故沿革得失，证以泰西希腊罗马诸古史以为之纬，以求古人治天下之法；必细察今日天下郡国利病，知其积弱之由，及其可以图强之道，证以西国近史宪法章程之书，及各国报章以为之用，以求治今日之天下所当有事，夫然后可以言经世。而游历、讲论二者，又其管钥也。今中国所患者，无政才也。《记》曰："授之以政，不达，虽多亦奚以为。"今中学以经义掌故为主，西学以宪法官制为归。远法安定经义治事之规，近采西人政治学院之意，与二三子共勉之。经世之功课，每柔日堂上读书功课毕，由教习随举各报所记近事一二，条问诸生以办法，使各抒所见；对既遍，然后教习以办法揭示之（凡在堂上问答皆以笔谈）。

十曰传教。微夫悲哉！吾圣人之教之在今日也。号称受教者四万万，而妇女去其半焉；不识字者，又去其半之半焉；市侩胥吏，又去其半之六七焉；帖括贱儒，又去其半之八九焉。此诚庄生所谓举鲁国皆儒服，而真儒几无一人也。加以异说流行，所至强聒，挟以势力，奇悍无伦。呜呼！及今不思自保，则吾教亡无日矣。今设学之意，以宗法孔子为主义。子贡曰："不得其门而入，不见宗庙之美，百官之富。"彼西人之所以菲薄吾教，与陋儒之所以自蔑其教者，由不知孔子之所以为圣也。今宜取六经义理制度、微言大义，一一证以近事新理以发明之，然后孔子垂法万世，范围六合之真乃见。《论语》记子欲居九夷，又曰"乘桴浮于海"。盖孔子之教，非徒治一国，乃以治天下。故曰：洋溢中国，施及蛮貊，凡有血气，莫不尊亲。他日诸生学成，尚当共矢宏愿，传孔子太平大同之教于万国，斯则学之究竟也。传教之功课，在学成以后，然堂中所课，一切皆以昌明圣教为主义，则皆传教之功课也。

原载一八九七年《时务报》第四十九册

学生自修之三大要义

鄙人于两年前，尝居此月余，与诸君日夕相见，虽年来奔走四方，席不暇暖，所经危难，不知凡几，然与诸君之感情，既深且厚，未尝一日忘。故在此百忙中，亦不能不一来与诸君相见。

相去两载，人事之迁移，又如许矣。旧日之座上诸君，当有一部分已远游外国，而今日座中诸君，想有一部分乃新来，未曾相识。唯大多数当能认此故人。今对于校长及各教员殷勤之情意，与乎诸君活泼之精神，鄙人无限愉快。聊作数言，以相切磋，题为《学生自修之三大要义》。

（一）为人之要义。

（二）作事之要义。

（三）学问之要义。

第一为人之要义。古来宗教哲学等书，言之已不胜其详，唯欲作一概括之语以论之，则反省克己四字，为最要义。反省之结果，即人与禽兽之所由分也。生理作用，人畜无异焉，如饥而思食，渴而思饮，劳而思息，倦而思眠。凡有血气，莫或不尔。唯禽兽则全为生理冲动所支配，人则于生理冲动之时，每能加以思索，是谓反省。反省而觉其不当，则收束其欲望，是谓克己。如饥火内煎，见有可食之物，陈于吾前，禽兽则不问其谁属，辄攫而食之。人则不然，物非所有，固不能夺，即所有权乃属于我，亦当思所以分惠同病之人，此道德之所由生也。《论语》所谓吾日三省吾身，又曰而内自省也，又曰内省不疚，皆申明此反省之要义。凡事思而后行，言思而后出，此立身之大本也。人之所以为万物之灵，亦因其具有此种能力，唯必思所以发达之而已。此似易而实最难，唯当慎之于始。譬如以不诚之举动欺人，以快意道他人之短长，传播以为谭柄，此人类之恶根性。自非圣哲，莫不有之。若放纵而不自克，便成习惯，循至此心不能自主，堕落乃不知所届。古来圣贤立教，不外纠正人之此种习惯。唯不自省，至此恶性已成，习惯曾不自觉，则虽有良师益友，亦莫能助也。诸君之年龄，在人生最有希望之时期，然亦为最危险之时期。大抵十五二十时，乃终身最大之关头，宜谨慎小心，以发达良心之本能，使支配耳目手足，勿为耳目手足所支配。事之来也，可行与否，宜问良心，良心之第一命令，必为真理，宜服从之。若稍迟疑，则耳目手足之欲，必各出其主意，而妄发命令，结果必大错谬。譬诸受他人之所托，代保管其金钱，良心之第一命令，必曰克尽厥职，勿坠信用也，若不服从此命令，则耳目之欲，必曰吾久枯寂，盍假此以入梨园，口腹之欲，必曰吾久干燥，盍假此以访酒家。如是则良心之本能，竟为物欲所蔽矣。小事如此，大事亦何独不然？历史上之恶人，遗臭万世，然当日其良心之第一命令，必无误也。人之主体，乃在良心，须自幼养成良心之独立，勿为四支五官之奴隶。身奴于人，尚或可救，唯自作支体之奴隶，则莫能助，唯当反省克己而已。

第二作事之要义。大抵各人之所受用，固自有其独到处，未必从同。若鄙人则以"精力集中"四字，为作事之秘诀，以为必如此，其力乃大，譬诸以镜取火，集径寸之日光于一点，着物即燃，此显而易见者也。凡事不为则已，为之必用全力，乃克有成。昔有一文弱之孝子，力不能缚一鸡，父死未葬，比邻失慎，延及居庐。此子乃举棺而出诸火。此何故？精力集中而已。语曰：至诚所感，金石为开。又曰：思之思之，鬼神通之。李广射石没羽，非无稽也。即以最近之事言之，蔡公松坡，体质本极文弱，然去年在四川之役，尝十昼夜不得宁息，更自出其精力，以鼓将士之勇气，卒获大胜。非精力集中，岂能及此？盖精力与物不同，物力有定限，而精力则无穷。譬诸五百马力之机器，五百即其定量矣，精力则不然，善用之则其力无限，此人类之所以不可思议也。《论语》所谓"居处恭，执事敬"，此语最为精透。据朱子所解释，谓敬者主一无适之谓。主一无适，即精力集中而已。法国人尝著一书，以自箴其国人，谓英国人每作一事，必集精力而为之，法人则不如此，英之所以能强也。至于中国，更何论焉。中且不有，何集之云？执业不对于职务负责任，而思及其次，此我国之国民性也。为学亦然，慧而不专，愚将胜之。学算而思及于文，文固不成，算亦无得，此一定之理也。余最有此等经验，每作一文，或演说，若吾志认为必要时，聚精神而为之，则能动人。己之精力多一分，则人之受感动亦多一分。若循例敷衍，未见其有能动人者矣。正如电力之感应，丝毫不容假借也。曾文正谓精神愈用而愈强，愿诸君今日于学业上，日操练此精神，而他日任事，自能收效矣。

第三学问之要义。勤也，勉也。此古圣贤所以劝人为学之言也。余以为学问之道，宜先在开发本能。孔子曰："人能弘道，非道弘人。"梭格拉底曰："余非以学问教人，乃教人以为学。"此即所谓能与人规矩，不能使人巧，所成几许，求其在我而已。若求学而专以试验及格为宗旨，则试验之后，学问即还诸教师，于我无有也。然则若何？曰：当求在应用而已。譬诸算学，于记帐之外，当用之以细心思；譬诸几何，于绘图之外，当用之以增条理。凡百学问，莫不皆然。若以学问为学校照例之功课，谓非此不足以得毕业证书，则毕业之后，所学悉还诸教师，于己一无所得也。例如体操,学校之常课也,其用在强健身体,为他日任事之预备。若云非此不足以得文凭,吾强为之,则假期之后,其可以按日昼寝矣乎?是无益也。孔子曰:"古之学者为己,今之学者为人。"学以致用,即为己也,欲得文凭,以炫耀乡人,此为人也。年来毕业学生,奚啻千万,问其可以能致用于国家者,能有几人?此无他,亦曰为人太多,而自为太少耳。愿诸君为学,但求发达其本能,勿务于外,此余所以发至亲爱之精神,至热诚之希望,奉告于诸君也。

本文为一九一七年梁启超在清华学校的演讲(原标题为"梁任公在清华学校之演说")

原载一九一七年三月十五日《东方杂志》第十四卷第三号

少年中国说

日本人之称我中国也，一则曰老大帝国，再则曰老大帝国。是语也，盖袭译欧西人之言也。呜呼！我中国其果老大矣乎？任公曰：恶，是何言！是何言！吾心目中有一少年中国在！

欲言国之老少，请先言人之老少。老年人常思既往，少年人常思将来。惟思既往也，故生留恋心；惟思将来也，故生希望心。惟留恋也，故保守；惟希望也，故进取。惟保守也，故永旧；惟进取也，故日新。惟思既往也，事事皆其所已经者，故惟知照例；惟思将来也，事事皆其所未经者，故常敢破格。老年人常多忧虑，少年人常好行乐。惟多忧也，故灰心；惟行乐也，故盛气。惟灰心也，故怯懦；惟盛气也，故豪壮。惟怯懦也，故苟且；惟豪壮也，故冒险。惟苟且也，故能灭世界；惟冒险也，故能造世界。老年人常厌事，少年人常喜事。惟厌事也，故常觉一切事无可为者；惟好事也，故常觉一切事无不可为者。老年人如夕照，少年人如朝阳。老年人如瘠牛，少年人如乳虎。老年人如僧，少年人如侠。老年人如字典，少年人如戏文。老年人如鸦片烟，少年人如泼兰地酒。老年人如别行星之陨石，少年人如大洋海之珊瑚岛。老年人如埃及沙漠之金字塔，少年人如西

14

伯利亚之铁路。老年人如秋后之柳，少年人如春前之草。老年人如死海之潴为泽，少年人如长江之初发源。此老年与少年性格不同之大略也。任公曰：人固有之，国亦宜然。

任公曰：伤哉，老大也！浔阳江头琵琶妇，当明月绕船，枫叶瑟瑟，衾寒于铁，似梦非梦之时，追想洛阳尘中春花秋月之佳趣。西宫南内，白发宫娥，一灯如穗，三五对坐，谈开元天宝间遗事，谱《霓裳羽衣曲》。青门种瓜人，左对孺人，顾弄孺子，忆侯门似海珠履杂沓之盛事。拿破仑之流于厄蓬，阿剌飞之幽于锡兰，与三两监守吏，或过访之好事者，道当年短刀匹马驰骋中原，席卷欧洲，血战海楼，一声叱咤，万国震恐之丰功伟烈，初而拍案，继而抚髀，终而揽镜。呜呼！面皱齿尽，白发盈把，颓然老矣！若是者，舍幽郁之外无心事，舍悲惨之外无天地，舍颓唐之外无日月，舍叹息之外无音声，舍待死之外无事业。美人豪杰且然，而况于寻常碌碌者耶？生平亲友，皆在墟墓；起居饮食，待命于人。今日且过，遑知他日？今年且过，遑恤明年？普天下灰心短气之事，未有甚于老大者。于此人也，而欲望以擎云之手段，回天之事功，挟山超海之意气，能乎不能？

呜呼！我中国其果老大矣乎？立乎今日以指畴昔，唐虞三代，若何之郅治；秦皇汉武，若何之雄杰；汉唐来之文学，若何之隆盛；康乾间之武功，若何之炬赫。历史家所铺叙，词章家所讴歌，何一非我国民少年时代良辰美景、赏心乐事之陈迹哉！而今颓然老矣！昨日割五城，明日割十城，处处雀鼠尽，夜夜鸡犬惊。十八省之土地财产，已为人怀中之肉；四百兆之父兄子弟，已为人注籍之奴，岂所谓"老大嫁作商人妇"者耶？呜呼！凭君莫话当年事，憔悴韶光不忍看！楚囚相对，岌岌顾影，人命危浅，朝不虑夕。国为待死之国，一国之民为待死之民。万事付之奈何，一切凭人作弄，亦何足怪！

任公曰：我中国其果老大矣乎？是今日全地球之一大问题也。如其老

大也，则是中国为过去之国，即地球上昔本有此国，而今渐渐灭，他日之命运殆将尽也。如其非老大也，则是中国为未来之国，即地球上昔未现此国，而今渐发达，他日之前程且方长也。欲断今日之中国为老大耶？为少年耶？则不可不先明"国"字之意义。夫国也者，何物也？有土地，有人民，以居于其土地之人民，而治其所居之土地之事，自制法律而自守之；有主权，有服从，人人皆主权者，人人皆服从者。夫如是斯谓之完全成立之国。地球上之有完全成立之国也，自百年以来也。完全成立者，壮年之事也。未能完全成立而渐进于完全成立者，少年之事也。故吾得一言以断之曰：欧洲列邦在今日为壮年国，而我中国在今日为少年国。

夫古昔之中国者，虽有国之名，而未成国之形也。或为家族之国，或为酋长之国，或为诸侯封建之国，或为一王专制之国。虽种类不一，要之，其于国家之体质也，有其一部而缺其一部。正如婴儿自胚胎以迄成童，其身体之一二官支，先行长成，此外则全体虽粗具，然未能得其用也。故唐虞以前为胚胎时代，殷周之际为乳哺时代，由孔子而来至于今为童子时代。逐渐发达，而今乃始将入成童以上少年之界焉。其长成所以若是之迟者，则历代之民贼有窒其生机者也。譬犹童年多病，转类老态，或且疑其死期之将至焉，而不知皆由未完全未成立也。非过去之谓，而未来之谓也。

且我中国畴昔，岂尝有国家哉？不过有朝廷耳！我黄帝子孙，聚族而居，立于此地球之上者既数千年，而问其国之为何名，则无有也。夫所谓唐、虞、夏、商、周、秦、汉、魏、晋、宋、齐、梁、陈、隋、唐、宋、元、明、清者，则皆朝名耳。朝也者，一家之私产也。国也者，人民之公产也。朝有朝之老少，国有国之老少。朝与国既异物，则不能以朝之老少而指为国之老少明矣。文、武、成、康，周朝之少年时代也。幽、厉、桓、赧，则其老年时代也。高、文、景、武，汉朝之少年时代也。元、平、桓、灵，则其老年时代也。自余历朝，莫不有之。凡此者谓为一朝廷之老也则可，谓为一国之老也则不可。一朝廷之老且死，犹一人之老且死也，于吾所谓中国者何与焉？然则，吾中国者，前此尚未出现于世界，而今乃始萌芽云尔。天地大矣，前途辽矣。美哉我少年中国乎！

玛志尼者，意大利三杰之魁也。以国事被罪，逃窜异邦。乃创立一会，名曰"少年意大利"。举国志士，云涌雾集以应之。卒乃光复旧物，使意大利为欧洲之一雄邦。夫意大利者，欧洲第一之老大国也。自罗马亡后，土地隶于教皇，政权归于奥国，殆所谓老而濒于死者矣。而得一玛志尼，且能举全国而少年之，况我中国之实为少年时代者耶！堂堂四百余州之国土，凛凛四百余兆之国民，岂遂无一玛志尼其人者！

龚自珍氏之集有诗一章，题曰《能令公少年行》。吾尝爱读之，而有味乎其用意之所存。我国民而自谓其国之老大也，斯果老大矣；我国民而自知其国之少年也，斯乃少年矣。西谚有之曰："有三岁之翁，有百岁之童。"然则，国之老少，又无定形，而实随国民之心力以为消长者也。吾见乎玛志尼之能令国少年也，吾又见乎我国之官吏士民能令国老大也。吾为此惧！夫以如此壮丽浓郁翩翩绝世之少年中国，而使欧西日本人谓我为老大者，何也？则以握国权者皆老朽之人也。非哦几十年八股，非写几十年白折，非当几十年差，非挨几十年俸，非递几十年手本，非唱几十年诺，非磕几十年头，非请几十年安，则必不能得一官、进一职。其内任卿贰以上，外任监司以上者，百人之中，其五官不备者，殆九十六七人也。非眼盲，则耳聋；非手颤，则足跛，否则半身不遂也。彼其一身饮食步履视听言语，尚且不能自了，须三四人在左右扶之捉之，乃能度日，于此而乃欲责之以国事，是何异立无数木偶而使之治天下也！且彼辈者，自其少壮之时既已不知亚细欧罗为何处地方，汉祖唐宗是那朝皇帝，犹嫌其顽钝腐败之未臻其极，又必搓磨之，陶冶之，待其脑髓已涸，血管已塞，气息奄奄，与鬼为邻之时，然后将我二万里山河，四万万人命，一举而畀于其手。呜呼！老大帝国，诚哉其老大也！而彼辈者，积其数十年之八股、白折、当差、挨俸、手本、唱诺、磕头、请安，千辛万苦，千苦万辛，乃始得此红顶花翎之服色，中堂大人之名号，乃出其全副精神，竭其毕生力量，以保持之。如彼乞儿拾金一锭，虽轰雷盘旋其顶上，而两手犹紧抱其荷包，他事非所顾也，非所知也，非所闻也。于此而告之以亡国也，瓜分也，彼乌从而听之，乌从而信之！即使果亡矣，果分矣，而吾今年既七十矣八十矣，但求其一两年内，洋人不来，强盗不起，我已快活过了一世矣！若不得已，则割三头两省之土地奉申贺敬，以换我几个衙门；卖三几百万之人民作仆为奴，以赎我一条老命，有何不可？有何难办？呜呼！今之所谓老后老臣老将老吏者，其修身齐家治国平天下之手段，皆具于是矣。西风一夜催人老，凋尽朱颜白尽头。使走无常当医生，携催命符以祝寿。嗟乎痛哉！以此为国，是安得不老且死，且吾恐其未及岁而殇也。

任公曰：造成今日之老大中国者，则中国老朽之冤业也；制出将来之少年中国者，则中国少年之责任也。彼老朽者何足道，彼与此世界作别之日不远矣，而我少年乃新来而与世界为缘。如僦屋者然，彼明日将迁居他方，而我今日始入此室处。将迁居者，不爱护其窗棂，不洁治其庭庑，俗人恒情，亦何足怪！若我少年者，前程浩浩，后顾茫茫。中国而为牛为马为奴为隶，则烹脔鞭棰之惨酷，惟我少年当之；中国如称霸宇内，主盟地球，则指挥顾盼之尊荣，惟我少年享之。于彼气息奄奄与鬼为邻者何与焉？彼而漠然置之，犹可言也；我而漠然置之，不可言也。使举国之少年而果为少年也，则吾中国为未来之国，其进步未可量也；使举国之少年而亦为老大也，则吾中国为过去之国，其渐亡可翘足而待也。故今日之责任，不在他人，而全在我少年。少年智则国智，少年富则国富，少年强则国强，少年独立则国独立，少年自由则国自由，少年进步则国进步，少年胜于欧洲则国胜于欧洲,少年雄于地球则国雄于地球。红日初升,其道大光。河出伏流,一泻汪洋。潜龙腾渊,鳞爪飞扬。乳虎啸谷,百兽震惶。鹰隼试翼,风尘吸张。奇花初胎,矞矞皇皇。干将发硎,有作其芒。天戴其苍,地履其黄。纵有千古,横有八荒。前途似海,来日方长。美哉我少年中国,与天不老!壮哉我中国少年,与国无疆!

"三十功名尘与土,八千里路云和月。莫等闲,白了少年头,空悲切。"此岳武穆《满江红》词句也,作者自六岁时即口受记忆,至今喜诵之不衰。自今以往,弃"哀时客"之名,更自名曰"少年中国之少年"。作者附识。

原载一九〇〇年《清议报》第三十五册

大家
读本

呵旁观者文

天下最可厌、可憎、可鄙之人，莫过于旁观者。

旁观者，如立于东岸，观西岸之火灾，而望其红光以为乐；如立于此船，观彼船之沈溺，而睹其凫浴以为欢。若是者，谓之阴险也不可，谓之狠毒也不可，此种人无以名之，名之曰无血性。嗟乎，血性者人类之所以生，世界之所以立也；无血性则是无人类、无世界也。故旁观者，人类之蟊贼，世界之仇敌也。

人生于天地之间，各有责任。知责任者，大丈夫之始也；行责任者，大丈夫之终也；自放弃其责任，则是自放弃其所以为人之具也。是故人也者，对于一家而有一家之责任，对于一国而有一国之责任，对于世界而有世界之责任。一家之人各各自放弃其责任，则家必落；一国之人各各自放弃其责任，则国必亡；全世界之人各各自放弃其责任，则世界必毁。旁观云者，放弃责任之谓也。

中国词章家有警语二句，曰："济人利物非吾事，自有周公孔圣人。"中国寻常人有熟语二句，曰："各人自扫门前雪，不管他人瓦上霜。"此数语者，实旁观派之经典也，口号也。而此种经典口号，深入于全国人之脑中，拂之不去，涤之不净。质而言之，即"旁观"二字，代表吾全国人之性质也，是即"无血性"三字，为吾全国人所专有物也。呜呼，吾为此惧！

旁观者，立于客位之意义也。天下事不能有客而无主，譬之一家，大而教训其子弟，综核其财产；小而启闭其门户，洒扫其庭除，皆主人之事也。主人为谁？即一家之人是也。一家之人，各尽其主人之职，而家以成。若一家之人各自立于客位，父诿之于子，子诿之于父；兄诿之于弟，弟诿之于兄；夫诿之于妇，妇诿之于夫；是之谓无主之家。无主之家，其败亡可立而待也。惟国亦然。一国之主人为谁？即一国之人是也。西国之所以强者无他焉，一国之人各尽其主人之职而已。中国则不然，入其国，问其主人为谁，莫之承也。将谓百姓为主人欤？百姓曰：此官吏之事也，我何与焉。将谓官吏为主人欤？官吏曰：我之尸此位也，为吾威势耳，为吾利源耳，其他我何知焉。若是乎一国虽大，竟无一主人也。无主人之国，则奴仆从而弄之，盗贼从而夺之，固宜。《诗》曰："子有庭内，弗洒弗扫。子有钟鼓，弗鼓弗考。宛其死矣，他人是保。"此天理所必至也，于人乎何尤？

夫对于他人之家、他人之国而旁观焉，犹可言也。何也？我固客也。（侠者之义，虽对于他家、他国亦不当旁观，今姑置勿论。）对于吾家、吾国而旁观焉，不可言也。何也？我固主人也。我尚旁观，而更望谁之代吾责也？大抵家国之盛衰兴亡，恒以其家中、国中旁观者之有无多少为差。国人无一旁观者，国虽小而必兴；国人尽为旁观者，国虽大而必亡。今吾观中国四万万人，皆旁观者也。谓余不信，请征其流派：

一曰浑沌派。此派者，可谓之无脑筋之动物也。彼等不知有所谓世界，不知有所谓国，不知何者为可忧，不知何者为可惧，质而论之，即不知人世间有应做之事也。饥而食，饱而游，困而睡，觉而起，户以内即其小天地，争一钱可以陨身命，彼等既不知有事，何所谓办与不办？既不知有国，何所谓亡与不亡？譬之游鱼居将沸之鼎，犹误为水暖之春江；巢燕处半火之堂，犹疑为照屋之出日。彼等之生也，如以机器制成者，能运动而不能知觉；其死也，如以电气殛毙者，有堕落而不有苦痛，蠕蠕然度数十寒暑而已。彼等虽为旁观者，然曾不自知其为旁观者，吾命之为旁观派中之天民。四万万人中属于此派者，殆不止三万五千万人。然此又非徒不识字、不治生之人而已。天下固有不识字、不治生之人而不浑沌者，亦有号称能识字、能治生之人而实大浑沌者。大抵京外大小数十万之官吏，应乡、会、岁、科试数百万之士子，满天下之商人，皆于其中十有九属于此派者。

二曰为我派。此派者，俗语所谓遇雷打尚按住荷包者也。事之当办，彼非不知；国之将亡，彼非不知。虽然，办此事而无益于我，则我惟旁观而已；亡此国而无损于我，则我惟旁观而已。若冯道当五季鼎沸之际，朝梁夕晋，犹以五朝元老自夸；张之洞自言瓜分之后，尚不失为小朝廷大臣，皆此类也。彼等在世界中，似是常立于主位而非立于客位者。虽然，不过以公众之事业，而计其一己之利害；若夫公众之利害，则彼始终旁观者也。吾昔见日本报纸中，有一段，最能摹写此辈情形者，其言曰：

> 吾尝游辽东半岛，见其沿道人民，察其情态，彼等于国家存亡之危机，如不自知者；彼等之待日本军队，不见为敌人，而见为商店之主顾客；彼等心目中不知有辽东半岛割归日本与否之问题，惟知有日本银色与纹银兑换补水几何之问题。

此实写出魑魅罔两之情状，如禹鼎铸奸矣。推为我之敝，割数千里之地，赔数百兆之款，以易其衙门咫尺之地，而曾无所顾惜，何也？吾今者既已六七十矣，但求目前数年无事，至一瞑之后，虽天翻地覆非所问也。

明知官场积习之当改而必不肯改，吾衣领饭碗之所在也。明知学校科举之当变而不肯变，吾子孙出身之所由也。此派者，以老聃为先圣，以杨朱为先师，一国中无论为官、为绅、为士、为商，其据要津、握重权者皆此辈也，故此派有左右世界之力量。一国聪明才智之士，皆走集于其旗下，而方在萌芽卵孵之少年子弟，转率仿效之，如麻疯、肺病者传其种于子孙，故遗毒遍于天下，此为旁观派中之最有魔力者。

三曰呜呼派。何谓呜呼派？彼辈以咨嗟太息、痛哭流涕为独一无二之事业者也。其面常有忧国之容，其口不少哀时之语，告以事之当办，彼则曰诚当办也，奈无从办起何；告以国之已危，彼则曰诚极危也，奈已无可救何；再穷诘之，彼则曰国运而已，天心而已。"无可奈何"四字是其口诀，"束手待毙"一语是其真传。如见火之起，不务扑灭，而太息于火势之炽炎；如见人之溺，不思拯援，而痛恨于波涛之澎湃。此派者，彼固自谓非旁观者也，然他人之旁观也以目，彼辈之旁观也以口。彼辈非不关心国事，然以国事为诗料；非不好言时务，然以时务为谈资者也。吾人读波兰灭亡之记，埃及惨状之史，何尝不为之感叹，然无益于波兰、埃及者，以吾固旁观也。吾人见非律宾与美血战，何尝不为之起敬，然无助于非律宾者，以吾固旁观也。所谓呜呼派者，何以异是！此派似无补于世界，亦无害于世界者，虽然，灰国民之志气，阻将来之进步，其罪实不薄也。此派者，一国中号称名士者皆归之。

四曰笑骂派。此派者，谓之旁观，宁谓之后观。以其常立于人之背后，而以冷言热语批评人者也。彼辈不惟自为旁观者，又欲逼人使不得不为旁观者。既骂守旧，亦骂维新；既骂小人，亦骂君子；对老辈则骂其暮气已深，对青年则骂其躁进喜事。事之成也，则曰竖子成名；事之败也，则曰吾早料及。彼辈常自立于无可指摘之地，何也？不办事故无可指摘，旁观故无可指摘。己不办事，而立于办事者之后，引绳批根以嘲讽掊击，此最巧黜之术，而使勇者所以短气，怯者所以灰心也。岂直使人灰心短气而已，而将成之事，彼辈必以笑骂沮之；已成之事，彼辈能以笑骂败之。故彼辈者，世界之阴人也。夫排斥人未尝不可，己有主义欲伸之，而排斥他人之主义，此西国政党所不讳也。然彼笑骂派果有何主义乎？譬之孤舟遇风于大洋，彼辈骂风、骂波、骂大洋、骂孤舟，乃至遍骂同舟之人，若问此船当以何术可达彼岸乎，彼等瞠然无对也。何也？彼辈借旁观以行笑骂，失旁观之地位，则无笑骂也。

五曰暴弃派。呜呼派者，以天下为无可为之事；暴弃派者，以我为无可为之人也。笑骂派者，常责人而不责己；暴弃派者，常望人而不望己也。彼辈之意，以为一国四百兆人，其三百九十九兆九亿九万九千九百九十九人中，才智不知几许，英杰不知几许，我之一人岂足轻重。推此派之极弊，必至四百兆人，人人皆除出自己，而以国事望诸其余之三百九十九兆九亿九万九千九百九十九人。统计而互消之，则是四百兆人，卒至实无一人也。夫国事者，国民人人各自有其责任者也，愈贤智则其责任愈大，即愚不肖亦不过责任稍小而已，不能谓之无也。他人虽有绝大智慧、绝大能力，只能尽其本身分内之责任，岂能有分毫之代我？譬之欲不食而使善饭者为我代食，欲不寝而使善睡者为我代寝，能乎否乎？且我虽愚不肖，然既为人矣，即为人类之一分子也，既生此国矣，即为国民之一阿屯也，我暴弃己之一身，犹可言也，污蔑人类之资格，灭损国民之体面，不可言也。故暴弃者实人道之罪人也。

六曰待时派。此派者，有旁观之实而不自居其名者也。夫待之云者，得不得未可必之词也。吾待至可以办事之时然后办之，若终无其时，则是终不办也。寻常之旁观则旁观人事，彼辈之旁观则旁观天时也。且必如何然后为可以办事之时，岂有定形哉？办事者，无时而非可办之时；不办事者，无时而非不可办之时。故有志之士，惟造时势而已，未闻有待时势者也。待时云者，欲觇风潮之所向，而从旁拾其余利，向于东则随之而东，向于西则随之而西，是乡愿之本色，而旁观派之最巧者也。

以上六派，吾中国人之性质尽于是矣。其为派不同，而其为旁观者则同。若是乎，吾中国四万万人，果无一非旁观者也；吾中国虽有四万万人，果无一主人也。以无一主人之国，而立于世界生存竞争最剧最烈、万鬼环瞰、百虎眈视之大舞台，吾不知其如何而可也。六派之中，第一派为不知责任之人，以下五派为不行责任之人，知而不行，与不知等耳。且彼不知者犹有冀焉，冀其他日之知而即行也。若知而不行，则是自绝于天地也。故吾责第一派之人犹浅，责以下五派之人最深。

虽然，以阳明学知行合一之说论之，彼知而不行者，终是未知而已。苟知之极明，则行之必极勇。猛虎在于后，虽跛者或能跃数丈之涧；燎火及于邻，虽弱者或能运千钧之力。何也？彼确知猛虎、大火之一至，而吾之性命必无幸也。夫国亡种灭之惨酷，又岂止猛虎、大火而已。吾以为举国之旁观者直未知之耳，或知其一二而未知其究竟耳。若真知之，若究竟知之，吾意虽钳其手、缄其口，犹不能使之默然而息，块然而坐也。安有悠悠日月，歌舞太平，如此江山，坐付他族，袖手而作壁上之观，面缚以待死期之至，如今日者耶？嗟乎！今之拥高位，秩厚禄，与夫号称先达名士有闻于时者，皆一国中过去之人也。如已退院之僧，如已闭房之妇，彼自顾此身之寄居此世界，不知尚有几年，故其于国也有过客之观，其苟且以媮逸乐，袖手以终余年，固无足怪焉。若我辈青年，正一国将来之主人也，与此国为缘之日正长。前途茫茫，未知所届。国之兴也，我辈实躬享其荣；国之亡也，我辈实亲尝其惨。欲避无可避，欲逃无可逃，其荣也非他人之所得攘，其惨也非他人之所得代。言念及此，夫宁可旁观耶？夫宁可旁观耶？吾岂好为深文刻薄之言以骂尽天下哉？毋亦发于不忍旁观区区之苦心，不得不大声疾呼，以为我同胞四万万人告也。

旁观之反对曰任。孔子曰:"天下有道,丘不与易也。"孟子曰:"如欲平治天下,当今之世,舍我其谁也。"任之谓也。

原载一九〇〇年《清议报》第三十六册

作官与谋生

居京师稍久，试以冷眼观察社会情状，则有一事最足令人瞿然惊者，曰求官之人之多是也。以余所闻，居城厢内外旅馆者恒十数万，其什之八九皆为求官来也。而其住各会馆及寄食于亲友家者，数且相当。京师既若是矣，各省亦莫不然。大抵以全国计之，其现在日费精神以谋得官者，恐不下数百万人。问其皇皇求官之故，为作官荣耶？为作官乐耶？皆不然。盖大率皆舍作官外更无道以得衣食，质言之，则凡以谋生而已。在欧美各国，比年以来，所谓劳佣职业问题妇女职业问题等，日喧豗于社会，非好为喧豗也，彼实迫于冻馁为救死之计。我国之皇皇求官者，泰半皆此类也。夫人至于为救死之故而有所求，虽圣贤盖亦有不能过为责备者矣。虽然，责备固有所不忍施，而分配则终亦穷于术。盖其性质既变为职业问题，则自不得不为生计原则所宰制。生计原则，凡值供给过于需要之时，救济之法，惟有二途。一曰设法增加其需要，二曰设法节少其供给。两皆不能，则其生计社会必生大混乱，而为此大混乱之牺牲者将不可纪极。今试问官吏之需要，是否可以随意增加于无量？比年以来，国家以救济此问题故，亦既屡从增加需要，一面设法，增机关增人员，日不暇给，其恶影响之及于政治上者何若，且勿深论，然其量终必有所穷，今亦届既穷之时矣。计自今以往，此项需要，只有递减，决无递增，而献其身以作供给品者，乃日出而不穷。譬诸市面上某项货物，既已充轫不售，而机器厂乃日夜轧轧而制造之，续制之品，只有堆积腐朽，结果则拉杂摧烧而已。夫物品自无知识，造作安置，壹听于人，末由自主。及其朽腐摧烧也，君子犹以为暴殄而哀之。今以灵长万物之身，且在国中为较有学问较有才技者，而偏自投于此种不需要之供给，日蹙蹙焉待朽腐摧烧之期之至，天下之不智，莫过是也，天下之可哀，莫过是也。

吾国此种职业问题，发生盖已甚久，至前清之季而渐甚，至今日而极甚。盖学优则仕之思想，千年来深入人心，凡学皆以求仕也。昔吾在日本，偶与其政治家后藤新平语，询以台湾教育情形（后藤时为台湾民政长官），答曰："有最困难者一事，凡入学校者则志在求官，无志求官者则亦不复肯就学。"此语可谓能曲写中国人心理。盖仕途挤拥之叹，由来久矣。然畴昔科举，限以额数，下第者只伤时命，末由干进，久之亦惟求他途以自活。咸同以还，捐纳保举杂起，得官之途渐广矣。及科举废而留学生考试代兴，光宣之交，各种新式考试杂然并陈，其导人以作官之兴者至浓。鼎革之交，万流骈进，其间中央政府地方政府交迭频数，而大小官吏之旅进旅退，岁月数度，重以各地秩序未复，群盗满山，村落殆不可居，人民轻去其乡，冀就食于都市，他既无所得食，则惟官是望。而留学于外学成而归者，卒业于本国各种学校者，岁亦以万数千计，其惟一自活之道，则亦曰官。坐此诸因，故官市之供给品，其量乃挹之不竭。今试将此等供给品略区别其种类，其第一种，则前此曾为官，中间失之，今复求得之者，内分两类。甲类，在前清久已以官为职业，舍作官外更无他技能，故必欲求恢复旧职以救饥寒，且亦所便习，若有烟酒癖者，失此则无以自聊也。乙类，自民国成立以来，缘意外之机会，得为官吏或各种合议机关之议员，旋以意外之挫折失之，然既一度获尝公职之滋味，则常若有余甘，不忍舍去。其第二种，则前此本未尝为官，而今始求之者，亦分两类。甲类，留学生归国及国内学校卒业者，大抵年富力强，原不必以官为业，而因一时求业颇艰，不如求官之可以幸获，且亦见其前辈之以此途进者，若甚尊荣安富焉，歆羡而思踵其武。乙种，则平昔在地方上稍有地位之人，今缘地方公益事无甚可着手，且家食大不易，不若改求仕进，且又见乎数年来得官之甚易，谓何妨且一尝试。此两种四类者，殆皆为前清时代所未尝有，虽间有之亦为例外。迨民国成立，仅仅二三年间，一面缘客观的时势之逼迫诱引，一面缘主观的心理之畔援歆羡，几于驱全国稍稍读书识字略有艺能之辈，而悉集于作官之一途。问其何以然，则亦衣食而已。盖至今日而上中流人士之衣食问题，确为中国一种奇特之社会问题，无可疑也。

今世各国，殆无不以社会问题为苦，朝野上下，咸汲汲思所以救济解决之。救济解决之法，不外使无业之人有道以得业，其法不能行则无论耳。但使能行，则未有不为国家之利，盖予无业之人以业，则其人之劳力，不至废弃不用，而得出之以为国家从事生产也。中国此种奇特之社会问题，则正相反，不救济之，则个人暂蒙苦痛已耳。若思救济之，势必举全国可以有业之人，悉变为无业，而全国之聪明才力，乃真废弃不用矣。今中国为救济此种奇特之社会问题故，乃演出两种奇特之政治现象。一曰多养兵，所以救济低级人民之社会问题也。问中国曷为养尔许之兵，为国防耶？则共知对外决不能一战矣。为地方治安耶？则有警察矣。近又倡团保颁条例矣，然则兵曷为不裁？裁之则且变为盗也。前此以患盗故，方且招一部分之盗编以为兵，而盗幸少弭，今若解此羁縻，是益盗也。质言之，民缘无业故流而为盗，国家则予之以业而名曰兵。故养兵之目的与他国绝异，他国养兵为国防问题，我国养兵则为救济社会问题也。此种救济法有效乎？能举全国无业之人而悉兵之乎？曰：是固知不能，聊救济其一部而已。此奇特政象之一也。二曰多设官，所以救济上中级人民之社会问题也。问中国政务需官吏若干人数始能举之？曰：得如今日官吏总额十分之一或二三十分之一，优足以举之矣。曷为设尔许官职？求官者多，国家义当周之也。增设诸职，而国家应举之政亦增举乎？曰：是非所问，救济此种社会问题，即国家第一大政，他政未或能先，故可不问也。此种救济法有效乎？能举全国无业之人而悉官之乎？曰：是固知不能，聊救济其一部而已。此又奇特政象之一也。今国中凡百政治，殆可谓无一非为救济此两种问题而设。谓余不信，试观今日最劳当局之神思者，岂非理财耶？问理得之财何用？曰：养兵需财，养官需财。国家必需此兵然后养之耶？国家必需此官然后养之耶？曰：是安知者。吾但知兵待养于国家而国家养之，吾但知官待养于国家而国家养之。人人皆曰吾侪曷为乐有国家，以国家之能养我而已。彼国家者，固宜如白傅百丈之裘，如少陵万间之厦，日思所以养吾侪之欲而给吾侪之求，而国家亦自认此为最大之天职，孜孜焉惟养之给之是务。国家之财不能由天降由地出也，则乞贷之于外，以债累遗子孙，不给则取诸国中之有业者，使出其血汗所得以养此无业者。在国家博施济众，挹彼注兹，或且方以此为一种不得已之仁政，然使全国人遂皆以有业为苦，以无业为幸，全国人皆待养于国家，而国家遂终无以养，则养者与待养者俱毙而已。呜呼！今日政治之趋势，则岂不如是耶？

天下事恒递相为因递相为果，此种奇特之社会现象，固大半由政治作用诱导使然，此种奇特之政治现象，抑何尝非由社会情实要求所致，夫低级人民且勿论矣，乃至所谓上中级人民者而悉皆待养于国家，则国家亦复能如彼何。夫国家法制，固全国人民意力所构成也。而上中级人民，又国家之干也，故国家政象，常为多数上中级人民心理所左右，自然之势也。人人痛心疾首于政象之混浊，试思为此等心理所左右之政象，果有何术以使之清明者？此且勿具论，专就个人所以自处者言之，吾以为恃作官为谋生之具者，天下作计之拙，莫过是矣。夫官业（指恃官以谋生者，省作此称，以便行文，非指官办实业也，勿误）所以最足歆动人者，则劳作少而收入丰也，大抵今日中国官吏，就中除百分之一二特别贤劳外，其他大部分若改执他种职业，则以现在所费之劳力，决不能得现在所受之报酬，其中尤有一部分纯然坐食，曾不必出丝毫之劳力以为易，人人咸羡而趋之，固无足怪。然吾以为金钱之为物，苟非以相当之劳力而得之享之，可直谓人生一大不幸事。盖此种境遇，处之稍久，则其人不与惰期而惰自乘之，惰气一中，即为终身堕落之媒。凡人一生之运命，惟不断之奋斗为能开拓之。曾文正云："精神愈用则愈出，才智愈磨则愈进。"无论欲为社会立德立功，欲为一身保家裕后，要当以自强不息一语，为运命之中坚，而安坐而食之生涯，最能使人之精神体魄，皆渐消磨，现一种凝滞萎悴麻木之态，久之乃真成为社会上无用之长物。吾现身说法，自觉数月以来，此种恶空气之相袭者已至可怖，不知他人亦曾否与吾同感也。夫苟血气就衰之人，自审前途更无责任之可负，则求区区薄禄，如宋人之乞祠领观，如泰西之年金养老，斯或无可奈何之数。若年富力强之人而断送一生于此间，则天下可哀愍之事，莫过是也。或曰：服官奉职，亦何尝不足以增长阅历磨炼精神，何至如子所言之甚。答曰：诚然，然论事当举其多数者以为标帜，此公例也。吾不云官吏中固有百分之一二备极贤劳乎？然无数官吏中，其能在此数者有几，今又勿具论。即曰能阅历磨炼，而历炼所得，其足以为吾侪安身立命之资者实甚希，盖官吏所执之务，其被动者什恒九，而自动者不得一，历练所得最良之结果，不过举吾脑识官肢，变为一最完备灵敏之机器而已。夫社会以分劳为贵，吾岂谓欲劝全国之人才皆求为自动而不屑为被动？虽然，举全国人才而皆被动，则国家事业之萎悴，果当何似者？夫我国近年来只能产极干练之事务家，而可称为政治家者殆不一二觏。盖阅历于官吏社会者，其所得之结果只能如是也。夫国家而欲求国力之充实滋长,惟当设法使全国各种类之人皆能如其分量以尽其才用,个人而欲自树立于社会,亦最宜自察才性之所近,而善推之以致用立业。若是者,吾名之曰个性发育主义。个性发育主义者,无论为社会全体计,为个人计,皆必要而至可尊也。而求阅历于官吏社会,则与个性发育主义最相妨者也。今试问国中大多数之青年,其性质实宜于为官吏者果有几许?其所学与官吏事业绝无关系者亦且泰半,今乃悉投诸官吏之大制造厂中,而作其机器之一轮一齿,其自暴殄毋乃太甚乎?夫人之才性,发育甚难,而消退至易,虽有善讴之伶,经年不度曲则失其声;虽有善射之夫,经年不弯弓则失其技。冥洞之鱼,非无目也,以不用目故,移置明湖,终不见物;鞲中之鹰,虽释其缚而不能高举也。今鬻身于官吏社会,其洗礼受戒之第一语,则曰"姑舍汝所学而从我",故入之稍久,势不能不将己身所固有之本能,悉从束阁。束阁经时,即本能消失,如暖室之花,移置庭院,转不能遂其生,至是虽欲不以官为业焉,不可得矣。夫至欲不以官为业而不可得,则方来之苦况,岂有量哉?又以官吏之量供过于求故,其得之也,必须至剧烈之竞争,而此种竞争,非若陈货于肆,惟良斯售,而其间恒杂以卑屈之钻营,阴险之倾轧。其既得而患失也,则亦若是。故虽以志节之士,一入乎其中,则不得不丧其本来,而人格既日趋卑微,则此后自树立之途乃愈隘。综以上诸端论之,则夫皇皇然惟官是求者,微论其不得也,即得焉而所丧已不足以偿,况当今日需要已充供给太溢之时,虽赌性命以求焉,而能得者终不及千百之一也。吾绝不敢摭拾理学家高尚迂远之谭以相劝勉,吾惟从个人利害上相与商榷,不惜苦口以为迷途中人告。呜呼!吾言犹有一二可听者乎,则亦可以幡然知变矣。

吾知闻者必曰:子劝我知变,子教我何变而可?子既知我之求官,非以为荣,非以为乐,乃实以救死,使有他途可以救死者,吾宁不愿?而其途皆穷,则舍官何适?况吾子今方盗太仓之廪,泰然受豢养于国家而乃劝人以勿尔，抑何不恕？应之曰：斯皆然也，吾诚为受豢于国之一人。吾正惟经历此种受豢生涯，乃深知所得不足偿所丧，故言之益亲切有味。今举凡一切德义节操等问题，且置勿论，专就利害言，则作官绝非谋生之良策，吾所经历，即其显证也。又姑舍是，以今日生计现象海枯石烂之时，士君子求升斗之禄以期毋转死于沟壑，彼盖既计无复之不得已而出于此，而我乃劝以作他计，其谁能倾听？虽然，当知他途固皆穷也，而此途亦何尝不穷？乃多数人不知其为穷途，方彳亍回旋于其间，及其知焉，乃益穷而不能复，斯则最可悲也。夫等是穷也，在此途中，拯吾穷者惟赖他人；在他途中，吾之力或尚能自拯。在此途中，虽见拯而能苏吾穷者有几；在他途中，万一能自拯焉，则前途或荡荡然惟我掉臂矣。是故于两穷之间，智者不可不慎所择也。若更问曰：他途亦多矣，子劝我何择而可？曰：此则非吾所能对也，人各有其本能，则择业宜自各省其所适，吾安能以共通之辞对者？虽然，吾敢信今日全世界人类中以云谋生之道，尚推中国人为最易，稍有技能之士，但使能将依赖心与侥幸心铲除净尽，振其惰气，以就奋斗之途，未必在此天府雄国中，竟无立足地。呜呼！是在豪杰之士也已。夫今日吾侪国运所遭值与吾侪身家所遭值，两皆屯邅险艰，达于极度，非死中求生，末由自拔。呜呼！是在豪杰之士也已。

原载一九一五年《大中华》第三期

大家
讲谈

34

过渡时代之人物与其必要之德性

时势造英雄耶? 英雄造时势耶? 时势英雄, 递相为因, 递相为果耶? 吾辈虽非英雄, 而日日思英雄, 梦英雄, 祷祀求英雄。英雄之种类不一, 而惟以适于时代之用为贵。故吾不欲论旧世界之英雄, 亦未敢语新世界之英雄, 而惟望有崛起于新旧两界线之中心的过渡时代之英雄。窃以为此种英雄, 所不可缺之德性, 有三端焉:

其一冒险性, 是过渡时代之初期所不可缺者也。过渡者, 改进之意义也。凡革新者不能保持其旧形, 犹进步者必当掷弃其故步。欲上高楼, 先离平地; 欲适异国, 先去故乡; 此事势之最易明者也。虽然, 保守恋旧者, 人之恒性也。《传》曰: "凡民可以乐成, 难与图始。" 故欲开一堂堂过渡之局面, 其事正自不易。盖凡过渡之利益, 为将来耳。然当过去已去、将来未来之际, 最为人生狼狈不堪之境遇。譬有千年老屋, 非更新之, 不可复居; 然欲更新之, 不可不先权弃其旧者。当旧者已破、新者未成之顷, 往往瓦砾狼藉, 器物播散, 其现象之苍凉, 有十倍于从前焉。寻常之人, 观目前之小害, 不察后此之大利, 或出死力以尼其进行; 即一二稍有识者, 或胆力不足, 长虑却顾, 而不敢轻于一发。此前古各国, 所以进步少而退步多也。故必有大刀阔斧之力，乃能收筚路蓝缕之功；必有雷霆万钧之能，乃能造鸿鹄千里之势。若是者，舍冒险末由。

其二忍耐性，是过渡时代之中期所不可缺者也。过渡者，可进而不可退者也，又难进而易退者也。摩西之率犹太人出埃及以迁于迦南也，飘流踯躅于沙漠间者四十年，与天气战，与猛兽战，与土蛮战，停辛仵苦，未尝宁居，同行俦类，暗暗怨谤，大业未成，鬓发已白。此寻常豪杰之士，所最扼腕而短气者也。且夫所志愈大者，则其成就愈难，所行愈远者，则其归宿愈迟，事物之公例也。故倡率国民以经此过渡时代者，其间恒遇内界外界无量无数之阻力，一挫再挫三挫，经数十年、百年，而及身不克见其成者比比然也。非惟不见其成，或乃受唾受骂，虽有口舌而无以自解。故非有过人之忍耐性者，鲜有不半路而退转者也。语曰："行百里者半九十。"井掘九仞，犹为弃井；山亏一篑，遂无成功；惟危惟微，间不容发。故忍耐性者，所以贯彻过渡之目的者也。

其三别择性，是过渡时代之末期所不可缺者也。凡国民所贵乎过渡者，不徒在能去所厌离之旧界而已，而更在能达所希望之新界焉。故冒万险忍万辱而不辞，为其将来所得之幸福，足以相偿而有余也。故倡率国民以就此途者，苟不为之择一最良合宜之归宿地，则其负国民也实甚。世界之政体有多途，国民之所宜亦有多途。天下事固有于理论上不可不行，而事实上万不可行者；亦有在他时他地可得极良之结果，而在此时此地反招不良之结果者。作始也简，将毕也巨。故坐于广厦细旃以谈名理，与身入于惊涛骇浪以应事变，其道不得不绝异。故过渡时代之人物，当以军人之魄，佐以政治家之魂。政治家之魂者何？别择性是已。

凡此三种德性，能以一人而具有之者上也；一群中人，各备一德，组成团体，互相补助，抑其次也。嗟乎！英雄造时势耶？时势造英雄耶？时势时势，宁非今耶？英雄英雄，在何所耶？抑又闻之，凡一国之进步也，其主动者在多数之国民, 而驱役一二之代表人以为助动者, 则其事罔不成; 其主动者在一二之代表人, 而强求多数之国民以为助动者, 则其事鲜不败! 故吾所思所梦所祷祀者, 不在轰轰独秀之英雄, 而在芸芸平等之英雄!

原载一九〇一年《清议报》第八十三册

论自尊

日本大教育家福泽谕吉之训学者也，标提"独立自尊"一语，以为德育最大纲领。夫自尊何以谓之德？自也者国民之一分子也，自尊所以尊国民故。自也者人道之一阿屯也，自尊所以尊人道故。

西哲有言："人各立于自所欲立之地。"吉田松阴曰："士生今日，欲为蒲柳，斯蒲柳矣，欲为松柏，斯松柏矣。"吾以为欲为松柏者果能为松柏与否，吾不敢言。若夫欲为蒲柳者而能进于松柏，吾未之闻也。孟子曰："有是四端，而自谓不能者，自贼者也。"又曰："自暴者不可与有言也，自弃者不可以有为也。"夫自贼、自暴、自弃之反面，则自尊是也。是以君子贵自尊。

悲哉！吾中国人无自尊性质也。簪缨何物？以一钩金塞其帽顶，则脚靴手版，磕头请安，戢戢然矣。阿堵何物？以一贯铜晃其腰缠，则色肆指动，围绕奔走，喁喁然矣。夫沐冠而喜者，戏猴之态也。投骨而啮者，畜犬之情也。人之所以为人者，其资格安在耶？顾乃自侪于猴犬而恬不为怪也。故夫自尊与不自尊，实天民奴隶之绝大关头也。

且吾见夫今世所谓识时俊杰者矣，天下之危急，彼非无所闻也；国民之义务，彼非无所知也；顾口中有万言之沸腾，肩上无半铢之负荷，叩其故，则曰："天下大矣，贤智多矣，某自顾何人，其敢语于此？"推彼辈之意，以为一国四百兆人，其三百九十九兆九亿九万九千九百九十九人中，其德慧术知，无一不优于我，其聪明才力，无一不强于我，我之一人，岂足轻重云耳？率斯道也以往，其必四百兆人，人人皆除出自己，而以国事望诸其余之三百九十九兆九亿九万九千九百九十九人，统计而互消之，则是四百兆人卒至实无一人也。夫一二人之自贼、自暴、自弃而不自尊，宜若于天下大局无与焉矣，然穷其弊乃至若此。

不宁惟是，为国民者而不自尊其一人之资格，则断未有能自尊其一国之资格焉者也。一国不自尊，而国未有能立焉者也。吾闻英国人自尊之言曰："太阳曾无不照我英国国旗之时。"（英人属地遍于五大洲，此地日方没，彼地日已出，故曰太阳常照英国旗也。）曰："无论何地，凡我英人有一人足迹踏于其土者，则其土必为吾英之势力范围也。"吾闻俄国人自尊之言曰："俄罗斯者，东罗马之相续人也。"（相续者继袭之义）曰："我俄人必成先帝彼得之志，为东方之主人翁也。"吾闻法国人自尊之言曰："法兰西者，欧洲文明之中心点也，全世界进步之原动力也。"吾闻德国人自尊之言曰："自由主义者，日耳曼森林中之产物也。日耳曼人者，条顿民族之宗子，欧洲中原之主帅也。"吾闻美国人自尊之言曰："旧世界者，腐败陈积之世界也。其有清新和淑之气者，惟我新世界。（旧世界指东半球，新世界指西半球。）今日之天下，由政治界之争竞，而移于生计界之争竞；他日战胜于生计界者，舍我美人莫属也。"吾闻日本人自尊之言曰："日本者，东方之英国也。万世一系，天下无双也。亚洲之先进国也，东西两文明之总汇流也。"自余各国，苟其能保一国之名誉于世界上者，则皆莫不各有其所以自尊之具。苟不尔者，则其国必萎缩而无以自存也。其远焉者吾不能遍举，请征诸其近者。吾尝见印度人，辄曰："英国之政治，高美完满，盛德巍巍，胜于吾印往昔远甚！"乃至英人之一颦一笑一饮一啄，皆视为加己数十等也。吾尝见朝鲜人，辄曰："吾韩今日更无可望！惟望日本及世界文明各大国，扶而掖之也。"浅见者徒见夫英、俄、德、法、美、日之强盛也如彼，而以为其所以敢于自尊者有由；徒见夫印度、朝鲜之积弱也如此，而以为其所以自贬者出于不得已。此误果为因误因为果之言。而乌知夫自尊者即彼六国致强之原；而自贬者乃此二国取灭之道也。呜呼！吾观于此而不能不重为中国恫矣，畴昔尚有一二侈然自大之客气，乃挫败不数度，至今日而消磨尽矣。闻他人之议瓜分我也，则嗷然以啼；闻他人之议保全我也，则辗然以笑。君相官吏，伺外国人之颜色，先意承志，如孝子之事父母。士农工商，仰外国人之鼻息，趋承奔走，如游妓之媚情人。政府之意曰："中国不足恃矣！吾但求结纳一大邦之奥援，为附庸下邑之陪臣，以保富贵终余年焉。"民间之意曰："中国无可为矣，吾但求托庇一强国之宇下，为食毛践土之蚁民，以逃丧乱长子孙焉。"即号称有志之士者，亦曰："今日之中国，非可以自力自救。庶几有仁义和亲之国，恤我怜我扶助我乎！"嗟乎恫哉！我国家今日之资格，其如斯而已乎？我国家将来之前途，竟如斯而已乎？嗟乎恫哉！畴昔侈然自大之客气，自居上国而藐人为夷狄者，先觉之士，窃窃然忧之；以为排外之谬想，不徒伤外交而更阻文明输入之途云耳。夫孰知夫数十年来得延一线之残喘者，尚赖有此若明若昧，无规则无意识之排外自尊思想以维持之，并此而斫丧焉，而立国之具，乃真绝矣。夫孰知夫以真守旧误国，而国尚有可为；以伪维新误国，而国乃无可救也。孟子曰："未闻以千里畏人者也。"谁为为之，而至于此？

夫国家本非有体也，藉人民以成体。故欲求国之自尊，必先自国民人人自尊始。伊尹曰："予天民之先觉者也，予将以斯道觉斯民也，非予觉之而谁也？"颜渊曰："舜何人也？予何人也？有为者亦若是。"孟子曰："夫天未欲平治天下也，如欲平治天下，当今之世，舍我其谁也？"若此者，就寻常庸子视之，不以为狂，必以为泰矣。而圣贤之所以为圣贤者，乃在于此。英将乌尔夫之将征加拿大也，于前一夜拔剑击案，阔步室内，自夸其大业之必成。宰相鳌特见之，语人曰："余深庆此行为国家得人。"奥相加富匿，掌奥国政权者五十年，尝喟然长叹曰："天为国家生非常之才，虽然其孕育之也百年，其休息之也又百年。吾每念及我百岁之后，不禁为奥帝国之前途危栗也。"鳌特当一千七百五十七年，语侯爵某曰："君侯君侯，予确信惟予能救此国，而舍予之外无一人能当其任也。"加里波的曰："余誓复我意大利，还我古罗马。"加富尔失意躬耕之时，其友赠书吊之，乃戏答曰："事未可知，天若假公以年，仁看他日加富尔为全意大利宰相之时矣。"彼数子者，其所以高自位置，与夫世俗之多大言少成事者，皮相焉殆无以异。而不知其后此之建丰功扬伟烈，能留最高之名誉于历史上，皆此不肯自贼、自暴、自弃之一念，驱遣而成就之也。嗟夫！国于天地，必有与立，历览古今中外之历史，其所以能维系国家于不败之地者，何一非由人民之自尊而来？何一非由人民中之尤秀拔者以自尊之大义倡率一世而来哉？

吾欲明自尊之义，请先言自尊之道。

凡自尊者必自爱。"在山泉水清，出山泉水浊。侍婢卖珠回，牵萝补茆屋。摘花不插鬓，采柏动盈掬。天寒翠袖薄，日暮倚修竹。"此杜老绝代《佳人》之诗也。不如此而谬托于绝代佳人，未有能称者也。孔明之表后主也，一则曰："臣本布衣，躬耕南阳，苟全性命于乱世，不求闻达于诸侯。"再则曰："臣于成都负郭，有桑八百株，没后子孙，无忧饥寒。"夫孔明非必如硜硜自守之匹夫，故为狷介以鸣高也。彼其所以自处者，固别有所以特拔于流俗，而以淡泊为明志之媒介，以宁静为致远之表记也。故夫浮华轻薄之士，谬托旷达，而以不矜细行为通才，牺牲名誉，而以枉尺直寻为手段者，其去豪杰远矣。何也？先自菲薄，而所谓自尊者更持何道也？故真能自尊者，有皑皑冰雪之志节，然后能显其落落云鹤之精神；有谡谡松风之

出林獨石有道氣

宿墅崇蘭無俗芬

丙寅臘丰梁啟超

德操，然后能载其岳岳千仞之气概。自尊者，实使人进其品格之法门也。

凡自尊者必自治。人何以尊于禽兽？人有法律，而禽兽无之也。文明人何以尊于野蛮？文明人能与法律相浃，而野蛮不能也。十人能自治，则此十人者在其乡市为一最固结之团体，而可以尊于一乡市；百人能自治，则此百人者在其省郡为一最固结之团体，而可以尊于一省郡；千人万人能自治，则此千人万人者在其国中为一最固结之团体，而可以尊于一国；数十百千万人能自治，则此数十百千万人者在世界中为一最固结之团体，而可以尊于全世界。其在古代，斯巴达以不满万人之国，而独尊于希腊。其在现世，英国人口不过中国十五分之一，而尊于五洲。何也？皆由其自治之力强，法律之观念重耳。盖人也者，必非能以一人而自尊者也，故必其群尊，然后群内之人与之俱尊。而彼此自治力不足，则群且不成，尊于何有？我中国人格所以日趋于卑贱，其病源皆坐于是。

凡自尊者必自立。庄子曰："有人者累，见有于人者忧。"故夫大同太平之极，必无一人焉能有人，亦无一人焉见有于人。泰西之治，今犹未至也，而中国则更甚焉。其人非有人者，则见有于人者。故君有民，民见有于君。父有子，子见有于父。夫有妇，妇见有于夫。一室之中，主有仆，仆见有于主。一铺店之中，股东有伴佣，伴佣见有于股东。一党派之中，党魁有徒众，徒众见有于党魁。通四百兆人而计之，大率有人者百之一，见有于人者百之九十九。而此所谓有人者，时又更有他人焉从而有之。（如妇见有于夫，其夫或见有于其夫之父。其夫之父或又见有于其所属之铺店之主人、衙署之长官。而彼等又见有于一二民贼之类。若是者其级数无量，不可思议。虽恒河沙世界中——莲花，——花中——佛，——佛身——口，——口中——舌，说之犹不能尽。）若是乎，吾国中虽有四百兆人，而其见有于人者，实三百九十九兆强也。凡见有于人者，则丧其人格。（泰西惯例，妇人大率无选举权，以其见有于男子也。余仿此。）若是乎，则此四百兆人中能保存人格者，复几何哉？是安得不瞿然惊也？夫吾之为此言，非谓欲使人尽去其所尊所亲者，而倔强跋扈以为高也，乃正所以为合群计也。凡一群之中，必其人皆有可以自立之道，然后以爱情自贯联之，以法律自部勒之，斯其群乃强有力。不然，则群虽众而所倚赖者不过一二人，则仍只能谓之一二人，不能谓之群也。有两家于此，甲家则父母妻子兄弟，皆能有所业以食力，余粟余布，各尽其材，乙家则仰事俯畜，皆责望于一人，则其家之孰荣孰悴，岂待问也？有两军于此，甲军则卒伍皆知兵，不待指挥，而各人之意见，既与主帅相针射，号令一下，则人人如其心中所欲发，乙军则惟恃一二勇悍之首领，而他如木鸡然，则其军之孰赢孰负，岂待问也？夫家庭与军伍，其制裁之当严整，殆视他种社会为尤要矣，而其自立力之万不可缺也犹如此。故凡有自尊思想，不欲玷辱彼苍所以予我之人格者，必以先求自立为第一要义。自立之具不一端，其最显要者，则生计上之自劳自活，与学问上之自修自进也。力能养人者上也，即不能而不可不求足以自养。学能济人者上也，即不能而不可不求足以自济。苟不尔者，欲不倚赖人，乌可得也？专倚赖人，而欲不见有于人，乌可得也？夫倚赖人非必志士之所讳也。然我有所倚赖于他，他亦有所倚赖于我，互相倚而群之形乃固焉。若一则专为倚赖者，一则专为被倚赖者，其群未有能立，即立未有能久者也。英人常自夸曰："他国之学校，可以教成许多博士学士，我英之学校则只能教成'人'而已。"人者何？人格之谓也。而求英人教育之特色，所以能养成此人格者，则惟受之实业而使之可以自活；受之常识而使之可以自谋，而盎格鲁撒逊人种，所以高掌远跖于全世界，能有人而不见有于人者，皆恃此焉矣。

凡自尊者必自牧。《易》曰："谦谦君子，卑以自牧。"自牧与自尊，宁非反对之两极端耶？虽然，有说焉。自尊云者，非尊其区区七尺也，尊其为国民之一分子，人类之一阿屯也。故凡为国民一分子人类一阿屯者，皆必如其所尊以尊之。故惟自尊者为能尊人。临深以为高，加少以为多。其为高与多也亦仅矣。杀人以自生，亡人以自存，其为生与存也亦殆矣。故夫沾沾一得趾高气扬者，其必器小易盈之细人也。甚或人之有技媢嫉以恶者，其必浊卑下流之鄙夫也。细人鄙夫，其去自尊之道，不亦远乎？吾观夫西人之所谓Gentleman（此字中国语无确译，俾斯麦尝谓此英语中最有意味之字也。若强译之，则君子二字庶乎近焉）者，其接人也，皆有特别一种温良恭俭让之德。虽对婢仆，其礼逾恭，有所命令，必曰Please（含恳请之意），有所取求，必曰Thank you（谢也），盖重人者人恒重之，侮人者人恒侮之，势必然矣。况夫人也者，参天两地，列为三才。吾之能保存其高尚之资格也，不过适完其分际上应尽之义务，而何足以自炫耀也？是故欲立立人，先圣所以垂训；贡高我慢，世尊所以设戒。

凡自尊者必自任。一群之人芸芸也。而于其中有独为群内之所崇拜者，此必非可以力争而术取也。必其所负于本群之责独重，而其任之也独劳。则众人之所以酬之者，自不期然而然，莫之致而至。其自任也，非欲人之尊我而以此为钓也，彼实自认其天职之不可以不尽。苟不尔者，则为自贬，为自污，为自弃，为道义上之自戕，为精神上之自戕。是故逾自尊者逾自任，逾自任者逾自尊。自尊之极，乃有如伊尹所谓天民先觉，如孟子所谓舍我其谁，如佛所谓普度众生为一大事出世，岂抹煞众人以为莫己若哉？盖见夫己之责任则已如是，而他人之能如是与否，且勿暇计也。抑吾尝见夫老朽名士与轻薄少年之自尊矣。摭拾区区口耳四寸之学问，吐出诇诇气焰万丈之言词。目无余子，而我躬亦不知何存；口有千秋，而双肩则不能容物。吾昔曾为《呵旁观者文》，内一条写其形状曰：

四曰笑骂派。（中略）既骂维新，亦骂守旧。既骂小人，亦骂君子。对老辈则骂其暮气已深，对青年则骂其躁进喜事。事之成也，则曰竖子成名；事之败也，则曰吾早料及。彼辈常自立于无可指摘之地。何也？不办事故无可指摘，旁观故无可指摘。己不办事，而立于办事者之后，引绳批根以嘲讽掊击。此最巧黠之术，而使勇者所以短气，怯者所以灰心也。（中略）譬之孤舟遇风于大洋，彼辈骂风骂波骂大洋骂孤舟，乃至遍骂同舟之人。若问此船当以何术可达彼岸乎？彼等瞠然无对也。何也？彼辈藉旁观以行笑骂，失旁观之地位，则无笑骂也。

嗟夫！自尊者本人道最不可缺之德，而在今日之中国，此二字几成诟病之名词者，皆此等伪自尊者之为累也。谚曰："济人利物非吾事，自有周公孔圣人。"夫周公何人也？孔圣人何人也？颅同此员，趾同此方，官同此五，支同此四。而必曰："此也者，彼之责任，非我之责任也。"天下之不自爱，孰有过是也，而若之何彼伪自尊者竟奉此语为不二法门也？

朱子曰："教学者如扶醉人，扶得东来西又倒。"吾今者为我国民陈自尊之义，吾安保无误读之以长其暴慢鄙倍之气，增其骄盈予智之心，以为公德累为合群蠹者？虽然，吾既略陈其界说，为自尊二字下一定义。吾敢申言之曰："凡不自爱、不自治、不自立、不自牧、不自任者，决非能自尊之人也。"五者缺一，而犹施施然自尊者，则自尊主义之罪人也。嗟乎！因噎固不可以废食，惩羹固不可以吹齑。吾深忧夫人人自尊之有流弊，吾尤忧乎人人不自尊。而此四百兆人者，且自以奴隶牛马为受生于天之分内事。而此种自屈辱以倚赖他人之劣根性，今日施诸甲，明日即可以施诸乙；今日施诸室内，明日即可以施诸路人，施诸仇敌。呜呼！吾每接见夫客之自燕来者，问以吾国民近日对外之情状，未尝不泪涔涔下也。呜呼！吾又安能已于言哉？

原载一九〇二年《新民丛报》第十二、十四号

论毅力

曾子曰："士不可以不弘毅，任重而道远。仁以为己任，不亦重乎？死而后已，不亦远乎？"圣哉斯言！圣哉斯言！欲学为"人"者，苟非于此义笃信死守，身体而力行之，虽有高志，虽有奇气，虽有异才，终无所成。

人治者，常与天行相搏，为不断之竞争者也。天行之为物，往往与人类所期望相背，故其反抗力至大且剧。而人类向上进步之美性，又必非可以现在之地位而自安也。于是乎人之一生，如以数十年行舟于逆水中，无一日而可以息。又不徒一人为然也，大而至于一民族，更大而至于全世界，皆循兹轨道而日孜孜者也。其希望愈远，其志事愈大者，其所遭拂戾之境遇必愈众，譬犹泛涧沚者与行江河者与航洋海者之比例，其艰难之程度，恒与其所历境界之广狭相应，事理固然，无足怪者。

天下古今成败之林，若是其莽然不一途也，要其何以成何以败？曰：有毅力者成，反是者败。盖人生历程，大抵逆境居十六七，顺境亦居十三四。而顺逆两境，又常相间以迭乘。无论事之大小，而必有数次乃至十数次之阻力，其阻力虽或大或小，而要之必无可逃避者也。其在志力薄弱之士，始固曰吾欲云云，吾欲云云。其意以为天下事固易易也。及骤尝焉，而阻力猝来，颓然丧矣；其次弱者，乘一时之客气，透过此第一关，遇再挫而退；稍强者遇三四挫而退；更稍强者遇五六挫而退。其事愈大者，其遇挫愈多，其不退也愈难，非至强之人，未有能善于其终者也。夫苟其挫而不退矣，则小逆之后必有小顺，大逆之后必有大顺。盘根错节之既破，而遂有应刃而解之一日。旁观者徒艳羡其功之成，以为是殆幸运儿，而天有以宠彼也；又以为我蹇于遭逢，故所就不彼若也。庸讵知所谓蹇焉幸焉者，彼皆与我之所同，而其能征服此蹇焉、利用此幸焉与否，即彼成我败所由判也。更譬诸操舟，如以兼旬之期行千里之地者，其间风潮之或顺或逆，常相参伍，彼以坚苦忍耐之力，冒其逆而突过之，而后得从客以容度其顺；我则或一日而返焉，或二三日而返焉，或五六日而返焉，故彼岸终不可得达。孔子曰："譬如为山，未成一篑，止吾止也。譬如平地，虽覆一篑，进吾往也。"孟子曰："有为者譬若掘井，掘井九仞而不及泉，犹为弃井也。"成败之数，视此而已。

人不可无希望，然希望常与失望相倚，至于失望，而心盖死矣。养其希望勿使失者，厥惟毅力。故志不足恃，气不足恃，才不足恃，惟毅力为足恃。昔摩西古代之第一伟人也，彼悯犹太人受轭于埃及也，是其志之过人也。然其携之以出埃及也，始焉犹太人不欲，经十余年乃能动焉；既动矣，而埃及人尼之截之，经十余战乃能出焉；既出矣，而所欲至之目的不得达，彷徨沙漠中者又四十年焉。使摩西毅力稍不足，或于其初也，见犹太人之顽锢难动，而灰其心焉；于其中也，见埃及人之强悍难敌而灰其心焉；于其终也，见迦南乐土之艰险不易达，而灰其心焉，苟有一者，则摩西必为失败之人，无可疑也。昔哥仑布，新世界之开辟者也，彼信海西之必有大陆，是其识之过人也。然其晚年，丧其爱妻，丧其爱子，丧其资财，穷饿无聊，行乞于市，既而游说于豪贵，豪贵笑之；建白于葡萄牙政府，政府斥之。及其承西班牙王之命初航海也，舟西指，六十余日不见寸土，同行之人，失望思归，从而尼之挠之者不下十数次，乃至共谋杀其身饮其血，使哥仑布毅力稍不足，则初焉以穷困而沮，继焉以不遇知己而沮，继焉以艰难而沮，终焉以险祸而沮，苟有一者，则哥仑布必为失败之人无可疑也。昔巴律西，法兰西著名之美术家也，尝悯法国磁器之粗拙，欲改良之，筑灶以试验者数年，家资尽罄，再筑灶而益以薪，又复失败。已无复三度筑灶之资，犹复集土器三百余，附窑以试验之，历一日夜不交睫，曾无尺寸功，如是者殆十年。卒为第四度最后之大试验，乃作灶于家，砖石筑造，皆躬自任，阅七八月，灶始成，乃抟土制器，涂药入灶，火热一昼夜间，坐其旁以待旦，其妻持朝食供之，终不忍离。至第二日，质终未融，日沈西，又不去，待之。于是蓬首垢面，憔悴无人形。如是者越三日四日五日六日，相续至七日，未一假寐，而功遂不就，自兹以往，调新质而搗炼之，坐守十余日二十日以为常。最后一度，质既备，火既焚，热既炽，功将成矣，薪忽告竭，而火又不能减也。巴律西爽然自失，伤其功之将堕，乃拔园篱之本以代之，犹不足，碎其桌及椅投诸火，犹不足，碎其架，犹不足，碎其榻，犹不足，碎其门，妻子以为狂，号于室而奔告其邻，未几所烧之质遂融。色光泽，俨然良器矣。于是巴律西送其至困极苦之生涯于此器者，已十八年。使巴律西毅力稍不足者，则必为失败之人，无可疑也。昔维尔德，创设海底电线之人也，彼其拥巨万之赀，倾心以创此业，欲自美至英，超海以通电信，请助于英政府，几经哀求，始见许。而美国议院为激烈之反对，其赞助仅以一票之多数得通过，亦既困难极矣。及其始敷设也，第一次至五百里而失败，第二次至二百里，以电流不通而失败；第三次将告成矣，而所乘之军舰，又以倾射不能转运，线亦中断。第四次以两军舰，一向爱尔兰，一向尼科德兰，相距三里，线仍断。第五次再试，则两舰距离八十里，电流始通，又突失败。监督诸员皆绝望，资本家亦有悔志。第六次至海上七百里地名利鞠者，电信始通，谓已成矣，既而电流无端突然停止，又复失败。第七次更别购良线，建设至距尼科兰六百里处，将近结果，线又断，此大业遂阅一年有奇，而维尔德之家资已耗尽矣。犹复哓音瘝口，劳魂瘁形，游说英美之有力者，别设一新公司而功乃始就，至今全地球食其利。使维尔德毅力稍不足者，则虽历一次二次乃至三四五六七八次，其终为失败之人，无可疑也。此其最著者也，乃若的士黎礼，四度争议员选举不第，而卒为英名相。加里波的，五度起革命军不成，而卒建新意大利。士提反孙之作行动机器也，十五年始成。瓦德之作蒸气机器也，三十年始成。孟德斯鸠之《万法精理》，二十五年始成。斯密亚丹之《原富》，十年始成。达尔文之《种源论》，十六年始成。吉朋之《罗马衰亡史》，二十年始成。倭斯达之《大辞典》，三十六年始成。马达加斯加之传教师，十年始得一信徒。吉德林之传教于缅甸，拿利林之传教于中国，一则五年，一则七年，乃得一信徒。由此观之，世无论古今，业无论大小，其卓然能成就以显于世而传于后者，岂有一不自坚忍沈毅而来哉？又不徒西国为然也，请征诸我先民。勾践之在会稽也，田单之在即墨也，汉高之在荥阳成皋也，皆其败也，即其所以成也，使三子者毅力稍不足，则为失败之人也。张骞之使西域也，濒于死者屡，往往不食数日乃至十数日，前后历十三年，而卒宣汉威于域外。使骞毅力稍不足，则为失败之人也。刘备初用徐州而蹶，次用豫州而又蹶，次用荆州而又蹶，年将垂暮，始得益州以定大业。使备毅力稍不足，则为失败之人也。元奘以唐国师之尊，横葱岭，适印度，猛兽困之，瘴疠困之，饥渴困之，语言之不通困之，卒经十七年，尽学其正法外道，归而弘布于祖国。使元奘毅力稍不足，则为失败之人也。且勿征诸远，即最近数十年来威德巍巍照耀寰宇，若曾文正其人者，其初起时之困心衡虑，宁复可思议，饷需则罗掘不足。《与李小泉书》云："仆在衡极力劝捐总无起色，所入皆钱，尚不满万，各邑绅士来衡殷殷相助，奈乡间自乏此物，莫可如何。欲放手一办，辄复以此阻败，只恼人耳。"又《复骆中丞书》云："捐输一事，所托之友，所发之书，盖已不少，据称待至岁暮，某处一千，某处五百，俱可按籍而索。事虽同乎水中之月，犹冀得乎十分之五，一经摇动，则全局皆空。"云云，盖当时以乡绅办团，只恃捐输，不仰帑藏故也)，兵勇则调和两难（文正在衡初办团时，标兵疾之，至闯入公所与之为难，文正仅以身免，其文集中书札卷二《与王璞山书》《上吴甄甫制军书》各篇苦情如诉，词多不录)，将裨则驾驭匪易（《复骆中丞书》云："王璞山本恃所器倚之人，今年于各处表暴其贤，盖亦口疲于赞扬，手倦于书写，而璞山不谅我心，颇生猜嫌。恃所与之札，饬言撤勇事者，概不回答，既无公牍，又无私书。曾未同涉风波之险，已有不受节制之意。同舟而树敌国，肝胆而变楚越。"云云，当时用人之难可见一斑矣。类此者犹夥)。衡州水师经营积年，甫出即败于靖港，愤欲自沈，覆思乃止，直至咸丰十年，任江督，驻祁门，而苏常新陷，徽州继之，圈左右八百里皆贼地，或劝移营江西以保饷源，或劝迁麾江干以通粮路，文正乃曰："吾去此寸步无死所！"及同治元年，合围金陵之际，疾疫忽行，上自芜湖，下迄上海，无营不病，杨（岳斌）、曾（国荃）、鲍（超）诸统将，皆呻吟床蓐，堞无守望之兵，厨无炊爨之卒，而苦守力战，阅四十六日，乃得拔。事后自言此数月中，心胆俱碎，观其《与邵位西书》云："军事非权不威，非势不行。弟处无权无势之位，常冒争权争势之嫌，年年依人，顽钝寡效。"《与刘霞仙书》云："虹贯荆卿之心，而见者以为淫氛。碧化苌宏之血，而览者以为顽石。古今同慨，我岂伊殊。屈累所以一沈而万世不复者，良有以也。"又《复郭筠仙书》云："国藩昔在湖南、江西，几于通国不能相容，六七年间，浩然不欲复闻世事，然造端过大，以不顾生死自命。宁当更问毁誉，以拙进而以巧退，以忠义劝人，而以苟且自全，即魂魄犹有余羞。"盖当时所处之困难，如此其甚也。功成业定之后，论者以为乘时际会，天独厚之，而岂知其停辛伫苦铢积寸累百折不回而始有今日

古之立志者則善望其速成誉誘於勢利養其根
而疾其實加其肥而希其光根之茂者其實遂肥
之沃者其光耀仁豪之人其言藹如也柳又有難
其愈之所為不自於其孟輪來也
雲仙仁弟義家屬
同治元年八月曾國藩

也。使曾文正毅力稍不足者，则其为失败之人，无可疑也。呜呼，综观此中西十数君子，则我辈所以求自立于天地间者，可以思矣，可以兴矣。拿破仑曰："兵家胜败，在最后之十五分钟而已。盖我困之时，人亦困之时也。我疲之时，人亦疲之时也。际人之困疲，而我一鼓勇气以继之，则胜利固不得不在我。"此言乎成功之术之非难也。古语曰："行百里者半九十。"此言乎成功之道之非易也，难耶？易耶？惟志士自择之。

抑成败云者，又非可以庸耳俗目而论定者也。凡人所志所事愈大，则其结果愈大，而成就亦愈迟。如彼志救一国者，而一国之进步，往往数十百年乃始得达。志救天下者，而天下之进步，往往数百千年乃始得达。而此眇眇七尺之躯壳，虽豪杰，虽圣贤，曾不能保留之使逾数十寒暑以外，然则事事而欲亲睹其成，宁复有大事之可任耶？是故当知马丁·路得固成也，而拉的马、列多黎、格兰玛（三人皆为宗教革命而死者，格兰玛缚于柱而焚杀）亦不可谓不成。哥仑布固成也，而俶顿曲（俶顿曲在夏威夷为土人所杀）亦不可谓不成。狄渥固成也，而噶苏士亦不可谓不成。加富尔固成也，而玛志尼亦不可谓不成。大久保、木户固成也，而吉田松阴、藤田东湖亦不可谓不成。曾国藩固成也，而江忠源、罗泽南、李续宾亦不可谓不成。成败云者，惟其精神，不惟其形式也。不然，若孔子干七十二君无所用，伐檀削迹，老于道路。若耶稣受磔十字架，其亦可谓之败耶？其亦可谓之败耶？故真有毅力者，惟怀久远之希望，而不计目前之成败，非不求成，知其成非在旦夕，故不求也。成且不求，而宁复有可败之道乎？浅见者流，睹其躯壳之或窜或锢或杀，而妄拟议之曰，是实败焉。而岂知天下事固往往败于今而成于后，败于我而成于人，有既造之因，必有终结之果。天下惟不办事者，立于全败之地，而真办事者固必立于不败之地也。故吾尝谓毅力有二种，一曰兢惕于成败，而竭全力以赴之，鼓余勇以继之者，刚毅之谓也。二曰解脱于成败，而尽天职以任之，献生命以殉之者，沈毅之谓也。

若是者，岂惟一私人为然耳，即一民族亦有然，伟大之民族，其举动常有一远大之目的，汲汲焉向之以进行，历数十年数百年如一日。不观英国乎？自克林威尔以来，以通商殖民为国是，尔后数百年不一退转，驯至世界大地图中，五大洋深绿色里，斑斑作朱点者，皆北端眇眇三岛之附从奴仆也。十字角之旗，翩翩五大陆万岛屿之上，乃至不与日同出入，而至今犹歉然若不足，殖民大臣漫游全世界，汲汲更讲涨进之法。不见俄国乎？自彼得大帝以来，以东向侵略为国是，尔后数百年不一退转，其于近东也，欧亚诸国合力沮之，其于远东也，乃至欧亚美诸国全力沮之，而锐气不稍挫，近日确然益树实力于满洲，而达达尼尔事件（此最近之国际问题，俄国蔑视《柏林条约》，以兵船渡土耳其之达达尼尔海峡，以出黑海也）又见告矣。计全球数十国中，其有朝气方鼎盛者，不过十数，揆厥所由，未有不自彼国民之有毅力来者也。岂无一二仗客气趁风潮，随雄国以学邯郸步者？然昙花一瞥，颓落依然。今南美洲诸国是其前车也。孟子曰："祸福无不自己求之者。"天之降鉴下民，岂有所私耶？呜呼，国民国民可以鉴矣。

吾观我祖国民性之缺点，不下十百，其最可痛者，则未有若无毅力焉者也。其老辈者，有权力者，众目之曰守旧，夫守旧则何害？英国保守党之名誉历史，岂不赫赫在人耳目耶？（今内阁亦保守党）然守则守矣，既守之则当以身殉之，顾何以戊戌新政一颁，而举国无守旧党者竟三阅月也？义和团之起也，吾党虽怜其愚，而犹惊其勇，以为排外义愤，有足多焉，而何以数月之力，不能下一区区使馆也？而何以联军一至，其在下者，惟有顺民旗，不复有一义和团？其在上者惟有二毛子，不复有一义和团也？各省闹教之案，固野蛮之行也。虽然，吾闻日本三十年前，固尝有民间暴动滥戕外人之事，及交涉起，其首事者则自戕于外国官吏之前，不以义愤贻君父忧。而吾国民之为此者，何以一呼而蜂蚁集，一哄而鸟兽散，不顾大局，而徒以累国家也？若夫所谓新进者，稍知外事者，翘然揭橥一维新之徽章于额角，夫维新则岂非善事？然既新矣，则亦当以身殉之，顾何以见声色而新者去其十之三四，语金钱而新者去其十之五六，睹宦达而新者且去其十之八九也？或曰，此盖其心术败坏使然，彼其在初固未尝确有见于旧之宜守，确有见于新之不可以已也，不过伺朝廷之眼波以为显官计，博时髦之虚名以为啖饭地耳。吾谓此等人固自不少，而吾终不敢以此阴险黠诈之恶名，尽概天下士也，要之其志力薄弱，知及而仁不能守，有初而鲜克有终者，比比然尔。彼守旧者不足道矣，至如号称维新者流，论者或谓但有此辈，亦慰情胜无，呜呼！吾窃以为误矣，天下事不知焉者尚有可望，知而不行者则无可望，知而不行尚有可望，行而不能力不能终者，最无可望。故得聪明而软弱者亿万，不如得朴诚而沈毅者一二，今天下志士亦纷纷矣，其大多数者，果属于此，抑属于彼，吾每一念及，不能不为我国前途疑且惧也。嗟乎！一国中朝野上下，人人皆有假日媮乐之心，有遑恤我后之想，翩翩年少，弱不禁风，皤皤老成，尸居余气，无三年能持续之国的，无百人能固结之法团。呜呼！有国如此，不亡何待哉！不亡何待哉！

　　守旧者吾无责焉，伪维新者吾无责焉，吾请正告吾党之真有志于天下事者曰：公等勿恃客气也，勿徒悚动于一时之高论，以为吾知此吾言此而吾事毕也。西哲有恒言："知责任者大丈夫之始，行责任者大丈夫之终。"吾侪不认此责任则已耳，苟既认之，则当如妇人之于所天，终身不二，矢死靡他。吾侪初知责任之日，即此身初嫁与国民之日也，自顶至踵，夫岂复我所得私？于此而欲不亹亹焉，夫亦安得避也？然天下事顺逆之常相倚也又如彼，吾党乎吾党乎，当知古今天下无有无阻力之事，苟其畏阻力也，则勿如勿办，竟放弃其责任以与齐民伍。而不然者，则种种烦恼，皆为我练心之助；种种危险，皆为我练胆之助；种种艰大，皆为我练智练力之助；随处皆我之学校也，我何畏焉？我何怨焉？我何馁焉？我愿无尽，我学无尽，我知无尽，我行无尽。孔子曰："望其圹，峘如也，皋如也，君子息焉，小人休焉。"毅之至也，圣之至也。

原载一九○二年《新民丛报》第二十四号

论合群

自地球初有生物以迄今日，其间孳乳蕃殖，蠕者、泳者、飞者、走者、有觉者、无觉者、有情者、无情者、有魂者、无魂者，其种类其数量何啻京垓亿兆，问今存者几何矣？自地球初有人类以迄今日，其间孳乳蕃殖，黄者、白者、黑者、棕者、有族者、无族者、有部者、无部者、有国者、无国者，其种类其数量何啻京垓亿兆，问今存者几何矣？等是躯壳也，等是血气也，等是品汇结集也，而存焉者不过万亿中之一。余则皆萎然落渐然灭矣。岂有他哉？自然淘汰之结果，劣者不得不败，而让优者以独胜云尔。优劣之道不一端，而能群与不能群，实为其总原。

合群之义，今举国中稍有知识者，皆能言之矣。问有能举合群之实者乎？无有也。非惟国民全体之大群不能，即一部分之小群亦不能也。非惟顽固愚陋者不能，即号称贤达有志者亦不能也。呜呼！苟此不群之恶性而终不可以变也，则此蠕蠕芸芸之四百兆人遂不能逃劣败之数，遂必与前此之萎然落渐然灭者同一命运，夫安得不痛？夫安得不惧？吾推原不群之故，有四因焉。

一曰公共观念之缺乏。凡人之所以不得不群者，以一身之所需求所欲望，非独力所能给也；以一身之所苦痛所急难，非独力所能捍也，于是乎必相引相倚，然后可以自存。若此者谓之公共观念。公共观念者，不学而知、不虑而能者也，而天演界之优劣，即视此观念之强弱以为差。夫既曰不学而知、不虑而能矣，然其间又有强弱者何也？则以公观念与私观念常不能无矛盾，而私益之小者近者，往往为公益之大者远者之蟊贼也。故真有公共观念者，常不惜牺牲其私益之一部分，以拥护公益。其甚者，或乃牺牲其现在私益之全部分，以拥护未来公益。非拂性也，盖深知夫处此物竞天择界，欲以人治胜天行，舍此术末由也。昧者不察，反其道以行之，知私利之可歆，而不知公害之可惧，此杨朱哲学所以横流于天壤，而边沁之名理，所以为时诟病也。此为不能合群之第一病。

二曰对外之界说不分明。凡群之成，必以对待。苟对于外而无竞争，则群之精神与形式皆无所著，此人类之常情，无所容讳者也。故群也者，实以为我兼爱之两异性，相和合而结构之，有我见而自私焉，非必群之害也。虽然，一人与一人交涉，则内吾身而外他人，是之谓一身之我；此群与彼群交涉，则内吾群而外他群，是之谓一群之我。同是我也，而有大我小我之别焉。有我则必有我之友与我之敌。既曰群矣，则群中皆吾友也。故善为群者，既认有一群外之公敌，则必不认有一群内之私敌。昔希腊列邦，干戈相寻，一遇波斯之来袭，则忽释甲而相与歃血焉，对外之我见使然也。昔英国保守、自由两党，倾轧冲突，曾无宁岁，及格里迷亚战争起，虽反对党亦以全力助政府焉，对外之我见使然也。昔日本自由、进步两党，政纲各异，角立对峙，遇藩阀内阁之解散议会，则忽相提携，结为一宪政党以抗之，对外之我见使然也。故凡结集一群者，必当先明其对外之界说，即与吾群竞争之公敌何在是也。今志士汲汲言合群者，非以爱国乎？非以利民乎？既以爱国也，则其环伺我而凭陵我者，国仇也，吾公敌也，舍是则无所为敌也；既以利民也，则其钳压我而朘削我者，民贼也，吾公敌

（左）◎ 梁启超担任主笔的《时务报》
（右）◎ 梁启超主编的《新民丛报》

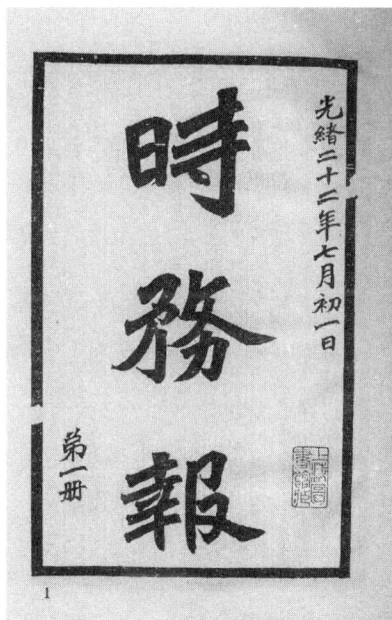

也，舍是则无所为敌也。苟其内相敌焉，则其群未有不为外敌所摧陷而夷灭者也。而志士顾昧此焉，往往舍公敌大敌于不问，而惟断断焉争小意见于本团，无他，知小我而不知大我，用对外之手段以对内，所以鹬蚌相持，而使渔人窃笑其后也。此为不能合群之第二病。

三曰无规则。凡一群之立也，少至二三人，多至千百兆，莫不赖有法律以维持之。其法律或起于命令，或生于契约。以学理言，则由契约出者，谓之正，谓之善；由命令出者，谓之不正，谓之不善。以事势言，则能有正且善之法律尚也。若其不能，则不正不善之法律，犹胜于无法律。此群学家政学家所同认也。今志士之倡合群者，岂不以不正不善之法律之病民弱国，而思所以易之耶？乃夷考其实，或反自陷于无法律之域，几何不为彼辈所藉口以相锄也？不宁惟是，而使本群中亦无所可恃以相团结，已集者望望然去，未来者裹足不前，旁观者引为大戒，则群力安得扩张？而目的何日能达也？吾观文明国人之善为群者，小而一地一事之法团，大而一国之议会，莫不行少数服从多数之律，而百事资以取决；乃今之为群者，或以一二人之意见武断焉梗议焉，其无规则者一也。善为群者，必委立一首长，使之代表全群，执行事务，授以全权，听其指挥；乃今之为群者，只知有自由，不知有制裁，其无规则者二也。叩其故，则曰以少数服从于多数，是为多数之奴隶也；以党员服从于代表人，是为代表人之奴隶也。嘻！是岂奴隶之云乎？人不可以奴隶于人，顾不可以不奴隶于群。不奴隶于本群，势必至奴隶于他群。服从多数，服从职权（即代表人），正所以保护其群而勿使坠也。而不然者，人人对抗，不肯相下，人人孤立，无所统一，其势必相率为野蛮之自由，与未为群之前相等。虽无公敌，犹不足以自立，而况夫日有反对者之乘其后也。此为不能合群之第三病。

四曰忌嫉。吾昔读曾文正戒子书中《怄求》诗，而悚然焉！其言曰："善莫大于恕，德莫凶于妒。妒者妾妇行，琐琐奚足数？己拙忌人能，己塞忌人遇。己若无事功，忌人得成务。己若无党援，忌人得多助。势位苟相敌，畏逼又相恶。己无好闻望，忌人文名著。己无贤子孙，忌人后嗣裕。争名日夜奔，争利东西骛。但期一身荣，不惜他人污。闻灾或欣幸，闻祸或悦豫。问渠何以然，不自知其故。"呜呼！此虽曰老生常谈乎，然以今日之误解边沁学说者，实当头一棒之言也。吾辈试夙夜一自省焉，其能悉免于如文正所诃乎？吾国人此等恶质，积之数千年，受诸种性之遗传，染诸社会之习惯，几深入于人人之脑中而不能自拔。以是而欲求合群，是何异磨砖以作镜，蒸沙以求饭也。夫宗旨苟不同，则昌言以攻之可也；地位苟不同，则分功以赴之可也。乃若宗旨同地位同，则戮力同心以共大业，善莫大焉！夫所谓戮力同心者，非必强甲之事业而使合于乙也，同归而殊途，一致而百虑，目的既共指一处，其成也，则后此终必有握手一堂之日。即不然，或甲败而乙成，或乙败而甲成，而吾之所志，固已达矣。事苟有济，成之何必在我？仁人君子之用心，不当如是耶？又就令见不及此，而求竞胜于一时，专美于一己，则亦光明磊落，自出其聪明才力，以立于天演界中。苟其优也，虽千万人与我竞，亦何患不胜？苟其劣也，虽无一人与我竞，亦何恃不败？天下之事业多矣，岂必排倒他人，而始容卿一席耶？呜呼！思之思之！外有国难，内有民箍，同胞半在酣梦之中，前途已入泥犁之境。吾力而能及也，则自拯之；独力不能也，则协力拯之；吾力而无济也，则望他人拯之。其尚忍摧萌拉蘖，为一国之仇雠效死力耶？愚不肖者，吾无望焉，无责焉，顾安得不为号称贤智者正告也？此为不能合群之第四病。

此其大略也，若详语之，则如傲慢，如执拗，如放荡，如迂愚，如嗜利，如寡情，皆足为合群之大蠹，有一于此，群终不成。吾闻孟德斯鸠之论政也，曰："专制之国，其元气在威力；立宪之国，其元气在名誉；共和之国，其元气在道德。"夫道德者，无所往而可以弁髦者也。然在前此之中国，一人为刚，万夫为柔，其所以为群者，在强制而不在公意。则虽稍腐败，稍涣散，而犹足以存其輇以迄今日。若今之君子，既明知此等现象，不足以战胜于天择，而别思所以易之，则非有完全之道德，其奚可哉！其奚可哉！吾闻彼顽固者流，既聒有辞矣。曰："今日之中国，必不可以言共和，必不可以言议院，必不可以言自治。以是畀之，徒使混杂纷扰，倾轧残杀，以犹太我中华。不如因仍数千年专制之治，长此束缚焉，驰骤焉，犹可以免滔天之祸。"吾恶其言！虽然，吾且悲其言，吾且惭其言。呜呼！吾党其犹不自省，不自戒乎？彼辈不幸言中，犹小焉者也，而坐是之故，以致自由、平等、权利、独立、进取等最美善高尚之主义，将永为天下万世所诟病。天下万世相与谈虎色变曰："当二十世纪之初，中国所谓有新思想、新知识、新学术之人，如是如是。亡中国之罪，皆在彼辈焉。"呜呼！呜呼！则吾侪虽万死，其何能赎也！

选自《壬寅新民丛报汇编》

论进取冒险

　　天下无中立之事，不猛进斯倒退矣。人生与忧患俱来，苟畏难斯落
险矣。吾见夫今日天下万国中，其退步之速，与险象之剧者，莫吾中国若
也，吾为此惧！

　　欧洲民族所以优强于中国者，原因非一，而其富于进取冒险之精神，
殆其尤要者也。今勿征诸远，请言其近者。当罗马解纽以后，欧洲人满为
忧，纷竞不可终日。时则有一窭人子，孑身万里，四度航海，舟人失望瞋怒
之极，欲杀之而饮其血，而顾勇挠不屈，有进无退，卒觅得亚美利加，为
生灵开出新世界者，则西班牙之哥仑布士（Columbus）其人也。当罗马教
皇威力达于极点，各国君主，俯伏肘下，时则有一介僧侣（天主教之教士
不娶妻，故日本假佛教僧字以名之，今从其号），悍然揭九十六条檄文于
大府，鸣旧教之罪恶，倡新说以号召天下。教皇率百数十王侯，开法会拘
而讯之，使更前说，而顾从容对簿，侃侃抗言，不屈不挠，卒能开信教自
由之端绪，为人类进幸福者，则日耳曼之马丁·路得（Martin Luther）其人
也。扁舟绕地球一周，凌重涛，冒万死，三年乃还，卒开通太平洋航路，
为两半球凿交通之孔道者，则葡萄牙之麦志伦（Magellan）其人也。只身

探险于亚非利加内地，越万里之撒哈拉沙漠，与瘴气战，与土蛮战，与猛兽战，数十年如一日，卒使全非开通，为白人殖民地，则英国之立温斯敦（Livingstone）其人也。十六七世纪间，新旧教之争正烈，日耳曼剿灭新教徒，殆无遗类，时则有波罗的海岸一蕞尔国，奋其螳臂，为人类请命，为上帝复仇，卒以万六千之精兵，横行欧陆，拯民涂炭，牺牲一身而不悔者，则瑞典王亚多法士（Adolphus）其人也。俄罗斯经蒙古蹂躏之后，元气新复，积弱蛮陋，无足比数；时则有以万乘之尊，微服外游，杂伍佣作，学其文明技术，传与其民，使其国为今日世界第一雄国，骎骎乎有囊括宇内之观者，则俄皇大彼得（Peter the Great）其人也。英国自额里查白（英女皇名）以后，积胜而骄，立宪美政，渐以坠地；时则有一穷壤牧夫，攘臂以举义旗，兴国会军，血战八年，卒俘独夫，重兴民政，使北海三岛，为文明政体之祖国，国旗辉于大地者，则英吉利之克林威尔（Cromwell）其人也。美受英轭，租税烦重，人权蹂躏，民不聊生；时则有一穷谷侠农，叩自由之钟，揭独立之旗，毫无凭藉，以抗大敌，卒能建雄邦于新世界，今日几为廿世纪地球之主人翁者，则美总统华盛顿（Washington）其人也。法国大革命后，风潮迅激，大陆震慑，举国不宁；时则有一小军队中一小将校，奋其功名心，征埃及，征意大利，席卷全欧，建大帝国，犹率四十万貔貅临强俄，逐北千里，虽败而其气不挫，则法皇拿破仑（Napoleon）其人也。荷为班属，宗教压制，虐政憔悴，缇骑遍国；时则有一亡命志士，集劲旅于日耳曼，归图恢复，血战三十七年，卒复国权，身毙于锄麑之手而不悔者，则荷兰之维廉·额们（William Egmont）其人也。美国当数十年前，奴政盛行，人道灭绝，南北异趣，国几分裂；时则有一舟人之子，以正理为甲胄，以民义为戈矛，断然排俗情，兴义战，牺牲少数以活多数，草芥一身以献国民，卒能实行平等博爱之理想，定国宪以为天下法，则美总统林肯（Lincoln）其人也。罗马云亡，遗烈久沫，寄息他族，奴畜禽视；时则有弱冠翩翩一少年，投秘密结社，倾伪政府，不能得志，遁窜异域，专务青年教育，唤起国魂，卒能使其国成独立统一之功，列于世界第一等国者，则意大利之玛志尼（Mazzini）其人也。若此者，不过聊举数贤以为例耳，其他豪杰之类此者，比肩接踵于历史，胪其事实，则五车不能容，即算其姓名，亦更仆不能尽。於戏！何其盛哉。后世读史者，挹其芬，汲其流，崇拜而歌舞之，而不知其当时道天下所不敢道，为天下所不敢为。其精神有江河学海不到不止之形，其气魄有破釜沈舟一瞑不视之概。其徇其主义也，有天上地下惟我独尊之观；其向其前途也，有鞠躬尽瘁死而后已之志。其成也，涸脑精以买历史之光荣，其败也，迸鲜血以赎国民之沈孽。呜呼！曷克有此？曰惟进取故，曰惟冒险故。

进取冒险之性质何物乎？吾无以名之，名之曰浩然之气。孟子释浩然之气曰："其为气也，配义与道。无是，馁也。"又曰："是集义所生者，非义袭而取之也；行有不慊于心，则馁矣。"故此性质者，人有之则生，无之则死；国有之则存，无之则亡。而所以养成之，发现之者，其根柢甚深厚，而非器性薄弱之人所能假借。试推其所原，有四端焉。

一曰生于希望。"亚历山大之亲征波斯也，濒行举其子女玉帛，悉分予诸臣，无一余者。诸臣曰，然则王更何有乎？王曰，吾有一焉，曰希望。"甚哉，希望之于人如此其伟大而有力也。凡人生莫不有两世界：其在空间者，曰实迹界，曰理想界；其在时间者，曰现在界，曰未来界。实迹与现在，属于行为；理想与未来，属于希望。而现在所行之实迹，即为前此所怀理想之发表；而现在所怀之理想，又为将来所行实迹之券符。然则实迹者，理想之子孙；未来者，现在之父母也。故人类所以胜于禽兽，文明人所以胜于野蛮，惟其有希望故，有理想故，有未来故。希望愈大，则其进取冒险之心愈雄。越王勾践之栖会稽，以薪为蓐，以胆为粮，彼其心未尝一日忘沼吴也。摩西率顽冥险躁之犹太人民，彷徨于亚剌伯沙漠四十余年，彼盖日有一葡萄滋熟蜜乳芬郁之迦南乐土，来往于其胸中也。王阳明诗云："人人有路透长安，坦坦平平一直看。"岂惟吴会？岂惟迦南？盖丈夫之所以立于世者，莫不有第二之世界，以为其归宿之一故乡，各怀希望以奔于无极之长途，此世运所以日进步也。以此希望故，故其于现在界，于实迹界，不惜绞其脑，滴其汗，胼胝其手足，甚乃献其血，蜕其骸。岂徒然哉？其将有所易也。西哲有言："上帝语众生曰，汝所欲之物，吾悉畀汝，但汝当纳其代价。"进取冒险者，希望之代价也。彼禽兽与野蛮人，饥则求食，饱则嬉焉，知有今日而不知有明日。人之所以为人，文明之所以为文明，亦曰知明日而已。惟明日能系我于无极，而三日焉，而五日焉，而七日焉，而一旬焉，而一月焉，而一年焉，而十年焉，而百年焉，而千万年焉，而亿兆京垓无量数不可思议年焉，皆明日之积也。保守今日，故进取之念消；媮安今日，故冒险之气亡。若此者，是弃其所以为人之具，而自侪于群动也。吾乃知进取冒险之不可以已如此其甚也。

二曰生于热诚。吾读《史记·李将军列传》，至"广出猎，见草中石，以为虎，射之，中石，没羽；视之，石也。因复更射之，终不能复入石矣"。未尝不叹人生之能力，无一定界限，无一定程度，而惟以其热诚之界限程度为比例差。其动机也希微，其结果也殊绝，而深知夫天下古今之英雄豪杰、孝子烈妇、忠臣义士，以至热心之宗教家、政治家、美术家、探险家，所以能为惊天地，泣鬼神之事业，震宇宙而昭苏之者，其所得皆有由也。西儒姚哥氏有言："妇人弱也，而为母则强。"夫弱妇何以能为强母？唯其爱儿至诚之一念，则虽平日娇不胜衣，情如小鸟，而以其儿之故，可以独往独来于千山万壑中，虎狼吼咻，魍魉出没，而无所于恐，无所于避。大矣哉！热诚之爱之能易人度也。朱寿昌之弃官行乞，跋涉风雪，爱其亲也。豫让之漆身为厉，被发为奴，爱其君也。诸葛武侯之扶病出师，洒一掬之泪于五丈原头而不辞者，爱知己也。克林威尔冒弑君之大不韪，且两度解散国会，受专制之嫌而无惮者，爱国民也。林肯不顾国内之分裂，不恤战争之涂炭，而毅然布放奴令于南美者，爱公理也。十六、七世纪之间，新教徒抵抗教皇者二百余年，死者以千数百万计，而未尝悔者，爱上帝爱自由也。十九世纪，革命风潮，遍于全欧，掷无量数之头颅血肉，前者仆而后者继，亦以其民之爱国而自爱也。彼男女之相悦，则固常背父母，犯舆论，千回百折以相从矣，甚者乃相为死矣。夫人情孰不爱生而恶死，顾其所爱有甚于生者，故或可以得生而不用也。《战国策》言，有攫金于齐市者，士官拘而鞠之，其人曰："吾攫金时，只见金，不见人。"彼夫英雄豪杰、孝子烈妇、忠臣义士，以至热心之宗教家、政治家、美术家、探险家。当其徇其主义，赴其目的，何一非见金不见人之类也？若是者，莫之为而为，莫之致而至，岂惟不见有人，并不见有我焉。无以名之，名之曰"烟士披里纯"（Inspiration）。"烟士披里纯"者，热诚最高潮之一点，而感动人驱迫人，使上于冒险进取之途者也。而此热诚又不惟于所爱者有之，乃至哀之极，怒之极，危险之极，亦常为驱发热诚之导线。处火宅者，弱女能运千钧之筍；临敌阵者，疲马亦作突围之想。故曰不搏不跃，不激不行。可爱者而不知爱，可哀者而不知哀，可怒者而不知怒，可危者而不知危；此所谓无人性也。吾乃知进取冒险之不可以已如此其甚也！

三曰生于智慧。凡人之有所畏缩也，必其于事理见之未明者也。孩童妇姬最畏鬼，暮夜则不敢出也；蛮野民族最畏機祥，龟筮不从则不敢动作也，日食慧见则恐惧潜藏也，礼拜五日不宜出行也，十三人不敢共膳也。（二者皆西俗）此皆知有所蔽，而行遂有所怯也。滩石错落，河流激湍，非习水性者不敢渡焉；大雪漫野，坑谷皆盈，非识地势者不敢凌焉。见之不审，则其气先馁；馁则进取之精神萎地矣。故王阳明以知行合一为教义，诚得其本也。哥仑布之敢于航大西洋而西也，盖深信地图之理，而知彼岸必有极乐世界也。格兰斯顿之坚持爱尔兰自治案也，盖深信民族主义、自由平等主义，知非此而英爱不能相安也。猛虎蹑于后，则越涧穿林如平地；大火燎于栋，则飞檐走壁如转蓬。知虎与火之能杀人，而不得不冒次险以避最险也。若乳婴之子，不知虎之暴而火之烈，则嬉然安之而已。故进取冒险之精神，又常以其见地之浅深高下为比例差。欲养气者必先积智，非虚言也。而不然者，为教宗之奴隶，为先哲之奴隶，为习俗之奴隶，为居上位有权势者之奴隶，乃至自为其心之奴隶，其心又为四支百体之奴隶，重重缚轭，奄奄就死，无复生人之趣矣。吾乃知进取冒险之不可以已如此其甚也。

四曰生于胆力。拿破仑曰："'难'之一字，惟愚人所用字典为有之耳。"又曰："'不能'二字，非佛兰西人所用也。"讷尔逊曰："吾未见所谓可畏者，吾不识'畏'之为何物也。"（讷尔逊英国名将，即扫荡拿破仑海军者也。当五岁时，常独游山野，遇迅雷风烈，入夜不归。其家遣人觅得之，则危坐于山巅一破屋也。其祖母责之曰："嘻！异哉！何物怪童，此可怖之现象，竟不能驱汝归家耶？"讷则答曰："Fear? I never saw Fear, I do not know what it is!"即此文是也。译为华言，不能得其精神于万一。）呜呼！至今读此言，神气犹为之王焉。岂伟人之根器，固非吾辈所能企乎？抑自有之而自不用也？拿破仑所历至难之境正多，讷尔逊所遇可畏之端亦不少。而拿、讷若行所无事者，无他，其气先足以胜之也，佛说三界惟心，万法唯识。吾以为不能焉，以为可畏焉，斯不能矣，斯可畏矣；吾以为能焉，以为无畏焉，斯亦能矣，斯亦无畏矣。此其理真非钝根众生之所能悟也。虽然，犹有二义焉：凡人之有疾病者，虽复齿痛鼻眩之微末，而其日之精神志气，辄为之萎缩，盖气力与体魄，常相依而为用者也，此一说也。又庄敬日强，安惰日偷，生理之大经也。曾文正曰："身体虽弱，却不宜过于爱惜；精神愈用则愈出，阳气愈提则愈盛。若存一爱惜精神的意思，将前将却，奄奄无气，决难成事。"此又一说也。若是乎体魄之不可不自壮，而胆力亦未尝不可以养成也! 若拿破仑, 若讷尔逊, 若曾国藩, 皆进取冒险之豪杰, 永为后辈型者也。(曾文正最讲踏实地步, 谨慎小心; 然其中自有冒险之精神, 细读全集, 自能见之。) 吾乃知进取冒险之不可以已如此其甚也!

危乎微哉! 吾中国人无进取冒险之性质, 自昔已然, 而今且每况愈下也。曰: "知足不辱, 知止不殆。" 曰: "知白守黑, 知雄守雌。" 曰: "不为物先, 不为物后。" 曰: "未尝先人, 而常随人。" 此老氏之谰言, 不待论矣。而所称诵法孔子者, 又往往遗其大体, 摭其偏言, 取其 "狷" 主义, 而弃其 "狂" 主义; 取其 "勿" 主义, 而弃其 "为" 主义。("勿" 主义者, 惩忿窒欲之学也, 如 "非礼勿视" 四句等义是; "为" 主义者, 开物成务之学也, 如 "天下有道, 某不与易" 等义是。) 取其 "坤" 主义, 而弃其 "乾" 主义。(地道、妻道、臣道, 此 "坤" 主义也; 自强不息, 此 "乾" 主义也。) 取其 "命" 主义, 而弃其 "力" 主义。(《列子》有《力命》篇, 《论语》称子罕言命, 又称子不语力。其实力、命两者, 皆孔子所常言。知命之训, 力行之教, 昭昭然矣。) 其所称道者, 曰 "乐则行之, 忧则违之" 也, 曰 "无多言, 多言多患; 无多事, 多事多败" 也, 曰 "危邦不入, 乱邦不居" 也, 曰 "孝子不登高, 不临深" 也。夫此诸义, 亦何尝非孔门所传述, 然言非一端, 义各有当, 孔子曷尝以此义尽律天下哉? 而末俗承流, 取便利己, 遂蒙老马以孔皮, 易尼鄹以聃苴, 于是进取冒险之精神, 澌灭以尽。试观一部十七史之列传, 求所谓如哥仑布、立温斯敦者有诸乎? 曰: 无有也。求所谓如马丁·路得、林肯者有诸乎? 曰: 无有也。求所谓如克林威尔、华盛顿者有诸乎? 曰: 无有也。藉有一二, 则将为一世之所戮辱而非笑者也。不曰好大喜功, 则曰忘身及亲也。积之数千年, 浸之亿万辈, 而霸者复阳芟之而阴锄之, 务使一国之人, 鬼脉阴阴, 病质奄奄, 女性纤纤, 暮色沈沈。呜呼! 一国之大, 有女德而无男德, 有病者而无健者, 有暮气而无朝气, 甚者乃至有鬼道而无人道。恫哉恫哉! 吾不知国之何以立也? 君梦如何? 我忧孔多！抚弦慷慨，为少年进步之歌。歌曰：

Never look behind,boys,

When you're on the way;

Time enough for that,boys,

On some future day.

Though the way be long,boys,

Face it with a will;

Never stop to look behind

When climbing up a hill.

First be sure you're right,boys,

Then with courage strong

Strap your pack upon your back;

And tramp,tramp along.

When you're near the top,boys,

Of the rugged way,

Do not think your work is done,

But climb,climb away.

Success is at the top,boys,

Waiting there until

Patient,plodding,plucky boys,

Have mounted up the hill.

原载一九〇二年《新民丛报》第五号

十种德性相反相成义

《中庸》曰："万物并育而不相害，道并行而不相悖。"大哉言乎！野蛮时代所谓道德者，其旨趣甚简单而常不相容；文明时代所谓道德者，其性质甚繁杂而各呈其用。而吾人所最当研究而受用者，则凡百之道德，皆有一种妙相，即自形质上观之，划然立于反对之两端；自精神上观之，纯然出于同体之一贯者。譬之数学，有正必有负；譬之电学，有阴必有阳；譬之冷热两暗潮，互冲而互调；譬之轻重两空气，相薄而相剂。善学道者，能备其繁杂之性质而利用之，如佛说华严宗所谓相是无碍、相入无碍。苟有得于是，则以之独善其身而一身善，以之兼善天下而天下善。

朱子曰："教学者如扶醉人，扶得东来西又倒。"凡我辈有志于自治，有志于觉天下者，不可不重念此言也。天下固有绝好之义理，绝好之名目，而提倡之者不得其法，遂以成绝大之流弊者。流弊犹可言也，而因此流弊之故，遂使流俗人口实之，以此义理、此名目为诟病；即热诚达识之士，亦或疑其害多利少而不敢复道。则其于公理之流行，反生阻力，而文明进化之机，为之大窒。庄子曰："其作始也简，其将毕也巨。"可不惧乎？可不慎乎？故我辈讨论公理，必当平其心，公其量，不可徇俗以自画，不可惊世以自喜。徇俗以自画，是谓奴性；惊世以自喜，是谓客气。

吾今者以读书思索之所得，觉有十种德性，其形质相反，其精神相成，而凡为人类所当具有，缺一不可者。今试分别论之：

其一　独立与合群

独立者何？不倚赖他力，而常昂然独往独来于世界者也。《中庸》所谓"中立而不倚"，是其义也。人之所以异于禽兽者以此，文明人所以异于野蛮者以此。吾中国所以不成为独立国者，以国民乏独立之德而已。言学问则倚赖古人，言政术则倚赖外国。官吏倚赖君主，君主倚赖官吏。百姓倚赖政府，政府倚赖百姓。乃至一国之人，各各放弃其责任，而惟倚赖之是务。究其极也，实则无一人之可倚赖者。譬犹群盲偕行，甲扶乙肩，乙牵丙袂，究其极也，实不过盲者依赖盲者。一国腐败，皆根于是。故今日救治之策，惟有提倡独立。人人各断绝倚赖，如孤军陷重围，以人自为战之心，作背城借一之举，庶可以扫拔已往数千年奴性之壁垒，可以脱离此后四百兆奴种之沈沦。今世之言独立者，或曰"拒列强之干涉而独立"，或曰"脱满洲之羁轭而独立"；吾以为不患中国不为独立之国，特患中国今无独立之民。故今日欲言独立，当先言个人之独立，乃能言全体之独立；先言道德上之独立，乃能言形势上之独立。危哉微哉！独立之在我国乎？

合群云者，合多数之独而成群也。以物竞天择之公理衡之，则其合群之力愈坚而大者，愈能占优胜权于世界上，此稍学哲理者所能知也。吾中国谓之为无群乎？彼固庞然四百兆人，经数千年聚族而居者也。不宁惟是，其地方自治之发达颇早，各省中所含小群无数也；同业联盟之组织颇密，四民中所含小群无数也。然终不免一盘散沙之诮者，则以无合群之德故也。合群之德者，以一身对于一群，常肯绌身而就群；以小群对于大群，

◎《中庸》

右第二章

子曰中庸其至矣乎民鮮能久矣

右第三章

子曰道之不行也我知之矣知者過之愚者不及也道之不明也我知之矣賢者過之不肖者不及也

右第四章

人莫不飲食也鮮能知味也

右第五章

子曰道其不行矣夫

子曰舜其大知也與舜好問而好察邇言隱惡而揚善執其兩端用其中於民其斯以為

常肯绌小群而就大群。夫然后能合内部固有之群，以敌外部来侵之群。乃我中国之现状，则有异于是矣。彼不识群义者不必论，即有号称求新之士，日日以合群呼号于天下，而甲地设一会，乙徒立一党，始也互相轻，继也互相妒，终也互相残。其力薄者，旋起旋灭，等于无有；其力强者，且将酿成内讧，为世道忧。此其故，亦非尽出于各人之私心焉，盖国民未有合群之德，欲集无数之不能群者强命为群，有其形质，无其精神也。故今日吾辈所最当讲求者，在养群德之一事。

独与群，对待之名词也。人人断绝倚赖，是倚群毋乃可耻？常绌身而就群，是主独无乃可羞？以此间隙，遂有误解者与托名者之二派出焉。其老朽腐败者，以和光同尘为合群之不二法门，驯致尽弃其独立，阉然以媚于世；其年少气锐者，避奴隶之微号，乃专以尽排侪辈、惟我独尊为主义。由前之说，是合群为独立之贼；由后之说，是独立为合群之贼。若是乎两者之终不能并存也。今我辈所亟当说明者有二语，曰独立之反面，依赖也，非合群也；合群之反面，营私也，非独立也。虽人自为战，而军令自联络而整齐，不过以独而扶其群云尔；虽全机运动，而轮轴自分劳而赴节，不过以群而扶其独云尔。苟明此义，则无所容其托，亦不必用其避。譬之物质然，合无数"阿屯"而成一体，合群之义也；每一"阿屯"中，皆具有本体所含原质之全分，独立之义也。若是者，谓之合群之独立。

其二　自由与制裁

自由者，权利之表证也。凡人所以为人者有二大要件，一曰生命，二曰权利。二者缺一，时乃非人。故自由者，亦精神界之生命也。文明国民每不惜掷多少形质界之生命，以易此精神界之生命，为其重也。我中国谓其无自由乎？则交通之自由，官吏不禁也；住居行动之自由，官吏不禁也；置管产业之自由,官吏不禁也;信教之自由,官吏不禁也;书信秘密之自由,官吏不禁也;集会、言论之自由,官吏不禁也(近虽禁其一部分,然比之前世纪法、普、奥等国相去远甚)。凡各国宪法所定形式上之自由,几皆有之。虽然,吾不敢谓之为自由者何也? 有自由之俗,而无自由之德也。自由之德者,非他人所能予夺,乃我自得之而自享之者也。故文明国之得享用自由也,其权非操诸官吏,而常采诸国民。中国则不然,今所以幸得此习俗之自由者,恃官吏之不禁耳,一旦有禁之者,则其自由可以忽消灭而无复踪影。而官吏之所以不禁者,亦非尊重人权而不敢禁也,不过其政术拙劣,其事务废弛,无暇及此云耳。官吏无日不可以禁,自由无日不可以亡,若是者谓之奴隶之自由。若夫思想自由,为凡百自由之母者,则政府不禁之,而社会自禁之。以故吾中国四万万人,无一可称完人者,以其仅有形质界之生命,而无精神界之生命也。故今日欲救精神界之中国,舍自由美德外,其道无由!

制裁云者,自由之对待也。有制裁之主体,则必有服从之客体。既曰服从,尚得为有自由乎? 顾吾尝观万国之成例,凡最尊自由权之民族,恒即为最富于制裁力之民族。其故何哉? 自由之公例曰:"人人自由,而以不侵人之自由为界。"制裁者,制此界也;服从者,服此界也。故真自由之国民,其常要服从之点有三: 一曰服从公理,二曰服从本群所自定之法律,三曰服从多数之决议。是故文明人最自由,野蛮人亦最自由,自由等也,而文野之别,全在其有制裁力与否。无制裁之自由,群之贼也;有制裁之自由,群之宝也。童子未及年,不许享有自由权者,为其不能自治也,无制裁也。国民亦然,苟欲享有完全之自由权,不可不先组织巩固之自治制。而文明程度愈高者,其法律常愈繁密,而其服从法律之义务亦常愈严整,几于见有制裁不见有自由。而不知其一群之中,无一能侵他人自由之人,即无一被人侵我自由之人,是乃所谓真自由也。不然者,妄窃一二口头禅语，暴戾恣睢，不服公律，不顾公益，而漫然号于众曰："吾自由也。"则自由之祸，将烈于洪水猛兽矣。昔美国一度建设共和政体，其基础遂确乎不拔，日益发达，继长增高，以迄今日；法国则自一七八九年大革命以后，君民两党，互起互仆，垂半世纪余，而至今民权之盛犹不及英美者，则法兰西民族之制裁力，远出英吉利民族之下故也。然则自治之德不备，而徒漫言自由，是将欲急之，反以缓之；将欲利之，反以害之也。故自由与制裁二者，不惟不相悖而已，又乃相待而成，不可须臾离。言自由主义者，不可不于此三致意也。

其三　自信与虚心

自信力者，成就大业之原也。西哲有言曰："凡人皆立于所欲立之地，是故欲为豪杰，则豪杰矣；欲为奴隶，则奴隶矣。"孟子曰："自谓不能者，自贼者也。"又曰："自暴者不可与有言也，自弃者不可与有为也。"天下人固有识想与议论过绝寻常，而所行事不能有益于大局者，必其自信力不足也。有初时持一宗旨，任一事业，及为外界毁誉之所刺激，或半途变更废止，不能达其目的地者，必其自信力不足也。居今日之中国，上之不可不冲破二千年顽谬之学理，内之不可不鏖战四百兆群盲之习俗，外之不可不对抗五洲万国猛烈侵略、温柔笼络之方策，非有绝大之气魄，绝大之胆量，何能于此四面楚歌中，打开一条血路，以导我国民于新世界者乎？伊尹曰："余天民之先觉者也，余将以斯道觉斯民也，非余觉之而谁也？"孟子曰："夫天未欲平治天下也，如欲平治天下，当今之世，舍我其谁也？"抑何其言之大而夸欤，自信则然耳！故我国民而自以为国权不能保，斯不能保矣；若人人以自信力奠定国权，强邻孰得而侮之？国民而自以为民权不能兴，斯不能兴矣；若人人以自信力夺争民权，民贼孰得而压之? 而欲求国民全体之信力, 必先自志士仁人之自信力始!

或问曰: 吾见有顽锢之辈, 抱持中国一二经典古义, 谓可以攘斥外国陵铄全球者, 若是者非其自信力乎? 吾见有少年学子, 摭拾一二新理新说, 遂自以为足, 废学高谈, 目空一切者, 若是者非其自信力乎? 由前之说, 则中国人中富于自信力者, 莫如端王、刚毅; 由后之说, 则如格兰斯顿之耄而向学, 奈端之自视歉然, 非其自信力之有不足乎? 曰: 恶, 是何言欤! 自信与虚心, 相反而相成者也。人之能有自信力者, 必其气象阔大, 其胆识雄远, 既注定一目的地, 则必求贯达之而后已。而当其始之求此目的地也, 必校群长以择之; 其继之行此目的地也, 必集群力以图之。故愈自重者愈不敢轻薄天下人, 愈坚忍者愈不敢易视天下事。海纳百川, 任重致远, 殆其势所必然也。彼故见自封、一得自喜者, 是表明其器小易盈之迹于天下。如河伯之见海若, 终必望洋而气沮; 如辽豕之到河东, 卒乃怀惭而不前; 未见其自信力之能全始全终者也。故自信与骄傲异: 自信者常沈著, 而骄傲者常浮扬; 自信者在主权, 而骄傲者在客气。故豪杰之士, 其取于人者, 常以三人行必有我师为心; 其立于己者, 常以百世俟圣而不惑为鹄。夫是之谓虚心之自信。

其四 利己与爱他

为我也, 利己也, 私也, 中国古义以为恶德者也。是果恶德乎? 曰: 恶, 是何言! 天下之道德法律, 未有不自利己而立者也。对于禽兽而倡自贵知类之义, 则利己而已, 而人类之所以能主宰世界者赖是焉; 对于他族而倡爱国保种之义, 则利己而已, 而国民之所以能进步繁荣者赖是焉。故人而无利己之思想者, 则必放弃其权利, 弛掷其责任, 而终至于无以自立。彼芸芸万类, 平等竞存于天演界中, 其能利己者必优而胜, 其不能利己者必劣而败，此实有生之公例矣。西语曰："天助自助者。"故生人之大患，莫甚于不自助而望人之助我，不自利而欲人之利我。夫既谓之人矣，则安有肯助我而利我者乎？又安有能助我而利我者乎？国不自强而望列国之为我保全，民不自治而望君相之为我兴革，若是者，皆缺利己之德而已。昔中国杨朱以"为我"立教，曰："人人不拔一毫，人人不利天下，天下治矣。"吾昔甚疑其言，甚恶其言，及观英德诸国哲学大家之书，其所标名义与杨朱吻合者，不一而足；而其理论之完备，实有足以助人群之发达，进国民之文明者。盖西国政治之基础，在于民权，而民权之巩固，由于国民竞争权利，寸步不肯稍让，即以人人不拔一毫之心以自利者利天下。观于此，然后知中国人号称利己心重者，实则非真利己也。苟其真利己，何以他人剥夺己之权利，握制己之生命，而恬然安之，恬然让之，曾不以为意也？故今日不独发明墨翟之学足以救中国，即发明杨朱之学亦足以救中国。

问者曰：然则爱他之义，可以吐弃乎？曰：是不然。利己心与爱他心，一而非二者也。近世哲学家，谓人类皆有两种爱己心：一本来之爱己心，二变相之爱己心。变相之爱己心者，即爱他心是也。凡人不能以一身而独立于世界也，于是乎有群。其处于一群之中而与俦侣共营生存也，势不能独享利益而不顾俦侣之有害与否，苟或尔尔，则己之利未见而害先睹矣。故善能利己者，必先利其群，而后己之利亦从而进焉。以一家论，则我之家兴，我必蒙其福，我之家替，我必受其祸；以一国论，则国之强也，生长于其国者罔不强，国之亡也，生长于其国者罔不亡。故真能爱己者，不得不推此心以爱家、爱国，不得不推此心以爱家人、爱国人，于是乎爱他之义生焉。凡所以爱他者，亦为我而已。故苟深明二者之异名同源，固不必侈谈"兼爱"以为名高，亦不必讳言"为我"以自欺蔽。但使举利己之实，自然成为爱他之行；充爱他之量，自然能收利己之效。

其五　破坏与成立

破坏亦可谓之德乎? 破坏犹药也。药所以治病, 无病而药, 则药之害莫大; 有病而药, 则药之功莫大。故论药者, 不能泛然论其性之良否, 而必以其病之有无与病药二者相应与否, 提而并论, 然后药性可得而言焉。破坏本非德也, 而无如往古来今之世界, 其蒙垢积污之时常多, 非时时摧陷廓清之, 则不足以进步, 于是而破坏之效力显焉。今日之中国, 又积数千年之沈疴, 合四百兆之痼疾, 盘踞膏肓, 命在旦夕者也。非去其病, 则一切调摄、滋补、荣卫之术, 皆无所用。故破坏之药, 遂成为今日第一要件, 遂成为今日第一美德! 世有深仁博爱之君子, 惧破坏之剧且烈也, 于是窃窃然欲补苴而幸免之。吾非不惧破坏, 顾吾尤惧夫今日不破坏, 而他日之破坏终不可免, 且愈剧而愈烈也。故与其听彼自然之破坏而终不可救, 无宁加以人为之破坏而尚可有为。自然之破坏者, 即以病致死之喻也; 人为之破坏者, 即以药攻病之喻也。故破坏主义之在今日, 实万无可避者也。《书》曰: "若药不瞑眩, 厥疾不瘳。"西谚曰: "文明者非徒购之以价值而已, 又购之以苦痛。"破坏主义者, 实冲破文明进步之阻力, 扫荡魑魅罔两之巢穴, 而救国救种之下手第一著也。处今日而犹惮言破坏者, 是毕竟保守之心盛, 欲布新而不欲除旧, 未见其能济者也。

破坏之与成立, 非不相容乎? 曰: 是不然。与成立不相容者, 自然之破坏也; 与成立两相济者, 人为之破坏也。吾辈所以汲汲然倡人为之破坏者, 惧夫委心任运听其自腐自败, 而将终无成立之望也, 故不得不用破坏之手段以成立之。凡所以破坏者, 为成立也, 故持破坏主义者, 不可不先认此目的。苟不尔, 则满朝奴颜婢膝之官吏, 举国醉生梦死之人民, 其力自足以任破坏之役而有余, 又何用我辈之汲汲为也? 故今日而言破坏, 当以不忍人之心，行不得已之事。彼法国十八世纪末叶之破坏，所以造十九世纪近年之成立也；彼日本明治七、八年以前之破坏，所以造明治二十三年以后之成立也。破坏乎，成立乎，一而二、二而一者也。虽然，天下事成难于登天，而败易于下海。故苟不案定目的，而惟以破坏为快心之具，为出气之端，恐不免为无成立之破坏。譬之药不治病，而徒以速死，将使天下人以药为诟，而此后讳疾忌医之风将益炽。是亦有志之士不可不戒者也！

结论

呜呼，老朽者不足道矣！今日以天下自任而为天下人所属望者，实惟中国之少年。我少年既以其所研究之新理新说公诸天下，将以一洗数千年之旧毒，甘心为四万万人安坐以待亡国者之公敌，则必毋以新毒代旧毒，毋使敌我者得所口实，毋使旁观者转生大惑，毋使后来同志者反因我而生阻力。然则其道何由？亦曰：知有合群之独立，则独立而不轧轹；知有制裁之自由，则自由而不乱暴；知有虚心之自信，则自信而不骄盈；知有爱他之利己，则利己而不偏私；知有成立之破坏，则破坏而不危险。所以治身之道在是，所以救国之道亦在是！天下大矣，前途远矣，行百里者半九十，是在少年！是在吾党！

原载一九〇一年《清议报》第八十二、八十四册

大家
演说

说　悔

语曰："君子之作事也无悔。"悔也者，殆非大贤豪杰之所当有乎？虽然，佛教曰忏悔，耶教曰悔改，孔子曰过则勿惮改，凡古今大宗教教育之主旨，无不提倡此义，以为立身进德不二法门，则又何也？

《大易》四动，曰"吉凶悔吝"。吝者凶之原，而悔者吉之本也。悔何以为吉之本？凡人之性恶也，自无始以来，其无明之种子，久已熏习于藏识中。故当初受生之始，而无量迷妄，既伏于意根矣；及其住世间也，又受众生恶业熏习所成的社会之熏习。彼此相熏，日习日深，虽有善根，而常为恶根所胜，不克伸长，不克成熟。于是乎欲进德者不可不以战胜旧习为第一段工夫。《大学》曰："作新民。"能去其旧染之污者谓之自新，能去社会旧染之污者谓之新民。若是者非悔末由。悔也者，进步之原动力也。

子张，吴之驵侩也，颜涿聚，鲁之大盗也，而能受学孔子，为大儒，曰惟悔之故；大迦叶，富楼那，皆顽空之外道也，而能深通佛乘，列于十八大弟子之数，曰惟悔之故；保罗与耶稣为难最力者也，而能转心归依，弘通彼教，功冠宗门，曰惟悔之故。至如卫之贤大夫蘧伯玉，行年五十而知

大學〔大舊音泰 今讀如字〕　朱熹章句

子程子曰大學孔氏之遺書而初學入
德之門也於今可見古人爲學次第者
獨賴此篇之存而論孟次之學者必由
是而學焉則庶乎其不差矣

大學之道在明明德在親民在止於至善〔子程
曰親當作新〕○大學者大人之學也明明之
也明德者人之所得乎天而虛靈不昧以具
眾理而應萬事者也但爲氣稟所拘人欲所
蔽則有時而昏然其本體之明則有未嘗息
者故學者當因其所發而遂明之以復其初
也新者革其舊之謂也言既自明其明德又

四十九年之非；晋之名士周处，幼年为三害之一，后乃刻厉自新，为世名儒。以子夏大贤，而丧子丧明，怼天痛哭，自诉无罪，及闻曾子之面责，乃投杖而起曰："吾过矣，吾过矣，吾离群索居亦已久矣。"彼其心地何等磊落，其气象何等俊伟，百世之下，如见其精神焉。下至文章雕虫小技，而杨子云犹称每著一书，悔其少作；曹子建言好人讥弹其文，有不善者，应时改定。兹事虽小，然彼等所以能在数千年文界卓然占一席者，亦岂不以是耶！魏武帝自言："曹操做事，从来不悔。"曹操之所以能为英雄者以此，曹操之所以不能为君子者亦以此。悔之时义大矣哉！

悔之发生力有二途：一曰自内，二曰自外。自内发者非有大智慧不能，否则如西语所谓"烟士披里纯"，有神力以为之助也。自外生者，或读书而感动焉，或阅事而感动焉，或听哲人之说法而感动焉，或闻朋友之规谏而感动焉。要之当其悔也，恒皇然凛然有今是昨非之想，往往中夜瞿省，汗流浃背，自觉其前者所为，不可以立于天地。所谓一念之间，间不容发。非独大贤豪杰有之，即寻常人亦莫不有焉，特视其既悔后之结果何如耳。

凡言悔者，必曰悔悟，又曰悔改。盖不悟则其悔不生，不改则其悔不成。《易》曰："不远复，无祗悔，元吉。"孔子系之辞曰："颜氏之子，其殆庶几乎？有不善未尝不知，知之未尝复行也。"是故非生其悔之难，而成其悔之难。曾文正曰："从前种种，譬犹昨日死；从后种种，譬犹今日生。"故真能得力于悔字诀者，常如以一新造之人立于世界，《大学》所谓"日日新"者耶。一人如是，则一身进步；国民如是，则一国进步。

悔改之与自信，反对之两极端也。佛法既言忏悔，又言不退转。今欲以悔义施诸教育，得无导人以退转之路耶？抑彼信道不笃，巽懦畏事，半途弃其主义者，岂不有所藉口耶？曰是又不然。孟子曰："自反而不缩，虽褐宽博，吾不惴焉；自反而缩，虽千万人，吾往矣。"《大学》曰："所谓诚其意者，毋自欺也。如恶恶臭，如好好色，此之谓自慊。"凡人之行事善不善，合于公理不合于公理，彼各人之良心，常自告语之，非可以假借者也。是故昔不知其为善而弃之，昔不知其为恶而蹈之，或虽知之而偶不及检，遂从而弃之蹈之，及其既悟也，既悔也，则幡然自新焉，是之谓君子之悔。若乃前既已明知之矣，躬行之矣，而牵于薄俗，怵于利害，溺于私欲，忽然弃去，艾己尤人，是之谓小人之悔。君子之悔，其既悔既改也，常泰然若释重负，神明安恬；小人之悔，其既悔既改也，常觍然若背有芒，夜夜忐忑。君子之悔，一悔而不复再悔；小人之悔，且又将有大悔之在其后也。然则真能悔者，必真能不退转者也，何也？悔也者进步之谓也，非退步之谓也。

原载一九〇一年《清议报》第一百册

说希望

机埃的之言曰："希望者失意人之第二灵魂也。"岂惟失意人而已，凡中外古今之圣贤豪杰，忠臣烈士，与夫宗教家、政治家、发明家、冒险家之所以震撼宇宙，创造世界，建不朽之伟业以辉耀历史者，殆莫不藉此第二灵魂之希望，驱之使上于进取之途。故希望者制造英雄之原料，而世界进化之导师也。

人类者生而有欲者也。原人之朔，榛狉无知，饥则食焉，疲则息焉，饮食男女之外，无他思想。而其所谓饮食男女者，亦止求一时之饱暖嬉乐，而不复知有明日，无所谓蓄积，无所谓预备，止有肉欲而绝无欲望，蠕蠕然无以异于动物也。及其渐进渐有思想，而将来之观念始萌，于是知为其饮食男女之肉欲，谋前进久长之计。斯时也，则有所谓生全之希望。思想日益发达，希望日益繁多。于其肉欲之外，知有所谓权力者，知有所谓名誉者，知有所谓宗教道德者，知有所谓政治法律者，由生存之希望，进而为文化之希望。其希望愈大，而其群治之进化亦愈彬彬矣。

故夫希望者人类之所以异于禽兽，文明之所以异于野蛮，而亦豪杰之所以异于凡民者也。亚历山大之远征波斯也，尽斥其所有之珍宝以遍赐群臣。群臣曰：然则王更何有乎？亚历山大曰：吾有一焉，曰"希望"。夫亚历山大之丰功盛烈，赫然照烁于今古，然其功烈之成立，实希望为之涌泉。宁独亚历山大而已，摩西之出埃及也，数十年徘徊于沙漠之中，然卒能脱犹太人之羁轭，导之于葡萄繁熟、蜜乳馥郁之境。摩西之能有成功，迦南乐土之希望为之也。哥伦布之航海也，谋之贵族而贵族哗之，谋之葡国政府而政府拒之，乃至同行之人，困沮悔恨而思杀之，然卒能发见美洲，为欧人辟一新世界。哥伦布之能有成功，发见新地之希望为之也。玛志尼诸人之建国也，突起于帝政教政压抑之下，张空拳以求独立，然卒能脱墺人之压制，建新罗马之名邦。玛志尼诸人之能有成功，意大利统一之希望为之也。华盛顿之奋起也，抗英血战者八年，联合诸州者十载，然卒能脱离母国，建一完备之共和新国以为天下倡。华盛顿之能有成功，美国独立之希望为之也。宁独西国前哲而已。勾践一降王耳，然能以五千之甲士，困夫差于甬东也，则以有报吴之希望故。申包胥一逋臣耳，然能却败吴寇，复已燔之郢都也，则以有存楚之希望故。班超一书生耳，然能开通西域，断匈奴之右臂也，则以有立功绝域之希望故。范孟博登车揽辔，有澄清天下之大志；范文正方为秀才，有天下己任之雄心。自古之伟人杰士，类皆不肯苟安于现在之地位，其心中目中，别有第二之世界，足以餍人类向上求进之心。既悬此第二之世界以为程，则萃精神以谋之，竭全力以赴之，日夜奔赴于莽莽无极之前途，务达其鹄以为归宿。而功业成就之多寡，群治进化之深浅，悉视其希望之大小以为比例差。盖希望之力，其影响于世间者固若是其伟且大也。

天下最惨最痛之境，未有甚于"绝望"者也。信陵之退隐封邑，项羽之悲歌垓下，亚剌飞之窜身锡兰，拿破仑之见幽厄蔑，莫不抚髀悲悒，神气颓唐，一若天地虽大，蹙蹙无托身之所，日月虽长，奄奄皆待尽之年；醇酒妇人而外无事业，束手待死以外无志愿；我躬不阅，遑恤我后，朝不谋夕,谁能虑远。彼数子者,岂非喑呜叱咤横绝一世之英雄哉?方其希望远大之时,虽盖世功名,曾不足以当其一盼,虽统一寰区,曾不足以满其志愿。及其希望既绝,则心死志馁,气索才尽,颓然沮丧,前后迥若两人。然后知英雄之所以为英雄者,固恃希望为之先导,而智虑才略,皆随希望以为消长者也。有希望则常人可以为英雄,无希望则英雄无以异于常人。盖希望之力,其影响于人者固若是其伟且大也。

天下之境有二:一曰现在,一曰未来。现在之境狭而有限,而未来之境广而无穷。英儒颉德之言曰:"进化之义,专在造出未来。其过去及现在,不过一过渡之方便法门耳。故现在者非为现在而存,实为未来而存。是以高等生物,皆能为未来而多所贡献,代未来而多负责任。其勤劳于为未来者,优胜者也;怠逸于为未来者,劣败者也。"希望者固以未来的目的,而尽勤劳以谋其利益者也。然未来之利益,往往与现在之利益,枘凿而不能相容,二者不可得兼,有所取必有所弃。彼既有所希望矣,则心中目中必有荼锦烂漫之生涯,宇宙昭苏之事业,亘其前途,其利益百什倍于现在,遂不惜取其现在者而牺牲之,以为未来之媒介。故释迦弃净饭太子之贵,而苦行穷山;路得辞教皇不赀之赏,而甘受廷讯;加富尔舍贵族富豪之安,而隐耕黎里;哥伦布掷乡里优游之乐,而奋身远航。以常人之眼观之,则彼好为自苦,非人情所能堪,岂不嗤为大愚,百思而不得其解哉!然苦乐本无定位。彼未来之所得,固足偿现在之失而有余,则常人所见为失而苦之者,彼固见为得而有以自乐。且攫金于市者,止见有金不见有人。彼日有无穷之愿欲悬于其前,则其视线心光,咸萃集于其希望之前途;而目前之所谓利益者,直如蚊虻之过耳,曾不足以芥蒂于其胸。贪夫殉财,烈士殉名,夸者殉权,哲人殉道。其所殉之物虽不同,而其所以为殉者,则皆捐弃万事,以专注其希望之大欲而已。

且非独个人之希望为然也,国民之希望亦靡不然。英人固不喜急激之民族也，然一为大宪章之抗争，再为长期国会之更革，累数世之纷扰，则曰希望自由之故。法人三次革命，屡仆屡起，演大恐怖之惨剧，扰乱亘数十年，则曰希望民政之故。美人崛起抗英，糜烂其民于硝烟弹雨之中，苦战八年，伏尸百万，则曰希望独立之故。彼所牺牲之利益，固视个人为尤惨酷矣；然彼既有自由、民政、独立之伟大目的在于未来，而为国民共同之希望，凡物必有代价，则其所牺牲者，固亦以现在为代价，而购此未来而已。

然而希望者，常有失望以与之为缘者也。其希望愈大者，则其成就也愈难，而其失望也亦愈众。譬之操舟泛港汊者，微波漾荡，可以扬帆径渡也；及泛江河，则风浪之恶，将十倍蓰于港汊矣；及航溟渤，则风浪之恶，又倍蓰于江河矣。失望与希望之相为比例，殆犹是也。惟豪杰之徒，为能保其希望而使之勿失。彼盖知远大之希望，固在数十百年之后，而非可取偿于旦夕之间。既非旦夕所能取偿，则所谓拂戾失意之境遇，要不过现在与未来利益之冲突，实为事势所必然。吾心中自有所谓第二世界者存，必不以目前之区区，沮吾心而馁吾志。英雄之希望如是，伟大国民之希望亦复如是。

老子曰："知足不辱，知止不殆。"此毁灭世界之毒药，萎杀思想之谬言也。我中人日奉一足止以为主义，恋恋于过去，而绝无未来之观念；眷眷于保守，而绝无进取之雄心。其下者日营利禄，日骛衣食，萃全神于肉欲，蜎蜎无异于原人；其上者亦惟灰心短气，太息于国事之不可为，志馁神沮，慨叹于前途之无可望，不为李后主之眼泪洗面，即为信陵君之醇酒妇人。人人皆为绝望之人，而国亦遂为绝望之国。呜呼！吾国其果绝望乎，则待死以外诚无他策；吾国其非绝望乎，则吾人之日月方长，吾人之心愿正大。旭日方东，曙光熊熊，吾其叱咤羲轮，放大光明以赫耀寰中乎！河出伏流，狂涛怒吼，吾其乘风扬帆，破万里浪以横绝五洲乎！穆王八骏,今方发轫,吾其扬鞭绝尘,骎骎与骅骝竞进乎!四百余州,河山重重;四亿万人,泱泱大风。任我飞跃,海阔天空;美哉前途,郁郁葱葱。谁为人豪?谁为国雄?我国民其有希望乎,其各立于所欲立之地,又安能郁郁以终也!

原载一九〇三年《新民丛报》第三十一号

自信力

　　任天下者当有自信力，但其事当行者，即断然行之。嗫嗫嚅嚅，瞻前顾后，是小丈夫之所为也。日本明治初年，伊藤、大隈二人，谋设东海道铁路，井上馨、涩泽荣一以时机尚早止之，不听，遽建议于太政官，借洋债以兴之，朝议嚣嚣不谓然，或问其办法如何，或问其工费如何，伊、隈二人相顾呆然，不知所对，乃曰：其详细章程，俟诸明日。退而访前岛密氏，托其拟章程，并作预算表。前岛亦毫不知铁路之事，虽然，二人固乞不已，前岛乃算其大概，草一稿，名曰《横滨京都铁路臆测书》，翌日二人携之以示于朝，议遂决。

　　当时政府之财力甚薄弱，无资本以经营此等新事业，又未知公债之法，会英人有姓讷耳逊名里者，自香港、上海至日本，当时东京未有西洋大客寓，故寓英使馆中，以英使之绍介而来谒伊、隈二人，曰：闻诸公欲设铁路而无资力，若果有所命，仆当效力。二人未知阿里为何如人，以为必英国史上著名海军提督讷耳逊之族也。又见其寓使馆中，以英使之绍介而来，谓必是贵族。今其人肯贷金与我，真天赐也。乃遽与贷一百万磅，计利九分，以横滨海关税作抵。伊藤、大隈当时未知洋债之性质如何，以为必讷耳逊里以己之资本而贷之也。其后伦敦《泰晤士报》来，忽见登有告白，招人购买日本公债票，二人惊愕失措。盖初时以为借金之事必秘密无人知，今忽揭于新报上，恐政府之守旧党见之，骂为卖国也。乃急遣前岛密、上野景范二人往英国，将收回借券作罢论。二人到伦敦，则其公债票早散布已尽。而其所谓阿里者，实与伟人讷耳逊毫无瓜葛，不过一经纪卖买之人耳。二人大惊，无法收回借券，乃议出金买回已散出之债票。其事一旦传于市上，日本公债，忽每百磅腾价二三磅，不得已，仍以所借债归，卒以成京滨铁路。

饮冰主人曰：伊藤、大隈，铁路之办法不知，铁路之经费不知，公债之性质不知，贾人之情态不知，何其陋也。不知而贸然倡办之，贸然订借之，何其卤莽也。虽然，使待其一一知之然后办之，则京滨铁路，恐无成之一日。而彼技师岸贾，于此等事一一知之者何限。然其事必待成于伊、隈之手而不成于此辈，何也？有自信力也。若信此事之不可不办，其办之矣，陋也，卤莽也，固可以败事，然事事而办之，败者虽九，而成者犹有一矣。事事而不办之，则并此一成者而无有焉。然则孰为败而孰为成矣乎！吾记二公轶事，使人知日本赫赫如二公者，其陋也，卤莽也，固如此矣。苟能有其自信力，天下事何有焉，虽千万人吾往矣。

成　败

　　凡任天下大事者，不可不先破成败之见。然欲破此见，大非易事。必知天下之事，无所谓成，无所谓败，参透此理而笃信之，则庶几矣。何言乎无所谓成？天下进化之理，无有穷也，进一级更有一级，透一层更有一层，今之所谓文明大业者，自他日观之，或笑为野蛮，不值一钱矣。然则所谓成者果何在乎？使吾之业能成于一国，而全世界应办之事复无限，其不成者正多矣；使吾之业能成于一时，而将来世界应办之事复无限，其不成者正多矣。况即以一时一国论之，欲求所谓美满、圆好、毫无缺憾者，终不可得，其有缺憾者，即其不成者也。盖世界之进化无穷，故事业亦因之无穷，而人生之年命境遇、聪明才力则有穷。以有穷者入于无穷者，而欲云有成，万无是处。何言乎无所谓败？天下之理，不外因果。不造因则断不能结果，既造因则无有不结果，而其结果之迟速远近，则因其内力与外境而生种种差别。浅见之徒，偶然未见其结果，因谓之为败云尔，不知败于此者或成于彼，败于今者或成于后，败于我者或成于人。尽一分之心力，必有一分之补益，故惟日孜孜，但以造因为事，则他日结果之收成，必有不可量者。若怵于目前，以为败矣败矣，而不复办事，则遂无成之一日而已。故办事者，立于不败之地者也；不办事者，立于全败之地者也。苟通乎此二理，知无所谓成，则无希冀心；知无所谓败，则无恐怖心。无希冀心，无恐怖心，然后尽吾职分之所当为，行吾良知所不能自已，奋其身以入于世界中，磊磊落落，独往独来，大丈夫之志也，大丈夫之行也！

日本维新之首功，西乡乎？木户乎？大久保乎？曰，唯唯否否。伊藤乎？大隈乎？井上乎？后藤乎？板垣乎？曰，唯唯否否。诸子皆以成为成者也。若以败为成者，则吉田松阴其人是也。吉田诸先辈造其因，而明治诸元勋收其果。无因则无果，故松阴辈当为功首也。考松阴生平欲办之事，无一成者，初欲投西舰逃海外求学而不成，既欲纠志士入京都勤王而不成，既欲遣同志阻长藩东上而不成，事事为当道所抑压，卒坐吏议就戮，时年不过三十，其败也可谓至矣。然松阴死后，举国志士，风起水涌，卒倾幕府，成维新，长门藩士最有力焉，皆松阴之门人也。吾所谓败于今而成于后，败于己而成于人，正谓是也。丈夫以身任天下事，为天下耳，非为身也，但有益于天下，成之何必自我？必求自我成之，则是为身也，非为天下也。

吉田松阴曰："今之号称正义人，观望持重者，比比皆是，是为最下策；何如轻快捷速，打破局面，然后徐图占地布石之为胜乎？"又曰："士不志道则已，苟志道矣，而畏祸惧罪，有所不尽于言，取容当世，贻误将来，岂君子学者之所为哉？"又曰："今日事机之会，朝去夕来，使有志之士，随变喜怒于其间，何能有为？"又曰："当今天下之事，有眼者皆见而知之，吾党为任甚重，立志宜大，不可区区而自足。"又曰："生死离合，人事倏忽，但不夺者志，不灭者业，天地间可恃者独是而已。死生原是开阖眼，祸福正如反覆手。呜呼！大丈夫之所重，在彼不在此也。"又曰："今世俗有一说曰，时尚未至，轻动取败，何如浮沈流俗，免人怪怒，乘时一起，攫取功名耶？当今所谓有志之士，皆抱持此说。抱持此说者，岂未思今上皇帝之宸忧乎？宸忧如彼，犹抱持此说，非士之有志者也。"以上各条，吾愿以书诸绅，亦愿我同志以书诸绅。

读松阴之集，然后知日本有今日之维新者，盖非偶然矣。老子曰："不为天下先。"盖为天下先者，未有不败者也。然天下人人皆畏败而惮先，天下遂以腐坏不可收拾。吉田松阴之流，先天下以自取败者也。天下之事，往往有数百年梦想不及者，忽焉一人倡之，数人和之，不数年而遍于天下焉。苟无此倡之之一人，则或沈埋隐伏更历数十年、数百年而不出现，石沈大海，云散太虚而已。然后叹老氏之学之毒天下，未有艾也。

原载一八九九年《清议报》第二十五册

大家
清版

怨天者无志

《荀子·荣辱篇》云："自知者不怨人，知命者不怨天，怨人者穷，怨天者无志。失之己，反之人，岂不迂乎哉。"呜呼，君子读此，可以审所自处矣。人之穷也，国之悴也，未有不由自己业力所得者也。欲挽救之，惟努力以造善业耳。荀子于怨天者，不责以他，而直谓之无志，可谓鞭辟近里矣。或曰："既云知命者不怨天，又云怨天者无志，夫命固一定而不易者也，虽有志其奈之何，此二义得无矛盾？"应之曰："不然。天亦何能尽人而一一为之定命。命也者，各人以前此业力所自造成者也，既已造成，则应业受报，丝毫无所逃避，无所假借。"谓之有定，斯诚然矣；谓之不易，则不可也，何也？造之惟我，易之亦惟我也。故孟子亦曰："修身以俟之，所以立命也。"明乎立命之义，则荀子之所谓志者可识矣。

原载一九一〇年《国风报》第十号

养心语录

　　人之生也，与忧患俱来，苟不尔，则从古圣哲，可以不出世矣。种种烦恼，皆为我练心之助；种种危险，皆为我练胆之助；随处皆我之学校也。我正患无就学之地，而时时有此天造地设之学堂以饷之，不亦幸乎！我辈遇烦恼遇危险时，作如是观，未有不洒然自得者。

　　凡办事必有阻力。其事小者，其阻力亦小；其事愈大，其阻力亦愈大。阻力者乃由天然，非由人事也。故我辈惟当察阻力之来而排之，不可畏阻力之来而避之。譬之江河，千里入海，曲折奔赴，遇有沙石则挟之而下，遇有山陵则绕越而行，要之必以至海为究竟。办事遇阻力者，当作如是观。至诚所感，金石为开；何阻力之有焉！苟畏而避之，则终无一事可办而已。何也？天下固无无阻力之事也。

原载一八九九年《清议报》第二十七册

"知不可而为"主义与"为而不有"主义

今天的讲题是两句很旧的话：一句是"知其不可而为之"，一句是"为而不有"。现在按照八股的作法，把他分作两股讲。

诸君读我的近二十年来的文章，便知道我自己的人生观是拿两样事情做基础：（一）"责任心"，（二）"兴味"。人生观是个人的，各人有各人的人生观。各人的人生观不必都是对的，不必于人人都合宜。但我想：一个人自己修养自己，总须拈出个见解，靠他来安身立命。我半生来拿"责任心"和"兴味"这两样事情做我生活资粮，我觉得于我很是合宜。

我是感情最富的人，我对于我的感情都不肯压抑，听其尽量发展。发展的结果常常得意外的调和。"责任心"和"兴味"都是偏于感情方面的多，偏于理智方面的很少。

"责任心"强迫把大担子放在肩上是很苦的，"兴味"是很有趣的。二者在表面上恰恰相反，但我常把他调和起来。所以我的生活虽说一方面是很忙乱的，很复杂的；他方面仍是很恬静的，很愉快的。我觉得世上有趣的事多极了；烦闷，痛苦，懊恼，我全没有；人生是可赞美的，可讴歌的，有趣的。我的见解便是（一）孔子说的"知其不可而为之"和（二）老子的

"为而不有"。

"知不可而为"主义、"为而不有"主义和近世欧美通行的功利主义根本反对。功利主义对于每做一件事之先必要问："为什么？"胡适《中国哲学史大纲》上讲墨子的哲学就是要问为什么。"为而不有"主义便爽快的答道："不为什么。"功利主义对于每做一件事之后必要问："有什么效果？""知不可而为"主义便答道："不管他有没有效果。"

今天讲的并不是诋毁功利主义。其实凡是一种主义皆有他的特点，不能以此非彼。从一方面看来，"知不可而为"主义，容易奖励无意识之冲动；"为而不有"主义，容易把精力消费于不经济的地方。这两种主义或者是中国物质文明进步之障碍，也未可知。但在人类精神生活上却有绝大的价值，我们应该发明他享用他。

"知不可而为"主义是我们做一件事明白知道他不能得着预料的效果，甚至于一无效果，但认为应该做的便热心做去。换一句话说，就是做事时候把成功与失败的念头都撇开一边，一味埋头埋脑的去做。

这个主义如何能成立呢？依我想：成功与失败本来不过是相对的名词。一般人所说的成功不见得便是成功，一般人所说的失败不见得便是失败，天下事有许多从此一方面看说是成功，从别一方面看也可说是失败；从目前看可说是成功，从将来看也可说是失败。比方乡下人没见过电话，你让他去打电话，他一定以为对墙讲话，是没效果的；其实他方面已经得到电话，生出效果了。再如乡下人看见电报局的人在那里乒乒乓乓的打电报，一定以为很奇怪，没效果的；其实我们从他的手里已经把华盛顿会议的消息得到了。照这样看来，成败既无定形，这"可"与"不可"不同的根本先自不能存在了。孔子说："我则异于是，无可无不可。"他这句话似乎是很滑头；其实他是看出天下事无绝对的"可"与"不可"，即无绝对的成功与失败。别人心目中有"不可"这两个字，孔子却完全没有。"知不可而为"本来是晨门批评孔子的话，映在晨门眼帘上的孔子是"知不可而为"。实际上的孔子是"无可无不可而为"罢了。这是我的第一层的解释。

进一步讲，可以说宇宙间的事绝对没有成功，只有失败。成功这个名词，是表示圆满的观念，失败这个名词，是表示缺陷的观念。圆满就是宇宙进化的终点，到了进化终点，进化便休止；进化休止不消说是连生活都休止了。所以平常所说的成功与失败不过是指人类活动休息的一小段落。比方我今天讲演完了，就算是我的成功；你们听完了，就算是你们的成功。

到底宇宙有圆满之期没有，到底进化有终止的一天没有，这仍是人类生活的大悬案，这场官司从来没有解决，因为没有这类的裁判官。据孔子的眼光看来，这是六合以外的事，应该"存而不论"。此种问题和"上帝之有无"是一样不容易解决的。我们不是超人，所以不能解决超人的问题。人不能自举其身，我们又何能拿人生以外的问题来解决人生的问题？人生是宇宙的小段片，孔子不讲超人的人生，只从小段片里讲人生。

人类在这条无穷无尽的进化长途中，正在发脚蹒跚而行；自有历史以来，不过在这条路上走了一点，比到宇宙圆满时候，还不知差几万万年哩！现在我们走的只是像体操教员刚叫了一声"开步走！"就想要得到多少万万年后的成功，岂非梦想？所以谈成功的人不是骗别人，简直是骗自己！

就事业上讲，说什么周公致太平，说什么秦始皇统一天下，说什么释迦牟尼普渡众生。现在我们看看周公所致的太平到底在那里？大家说是周公的成功，其实是他的失败。"六王毕，四海一"这是说秦始皇统一天下了，但仔细看看，他所统一的到底在那里？并不是说他传二世而亡，他的一分家当完了，就算失败。只看从他以后，便有楚汉之争，三国分裂，五胡乱华，唐之藩镇，宋之辽金，就现在说，又有督军之割据，他的统一之功算成了吗？至于释迦牟尼，不但说没普渡了众生，就是当时的印度人，也未全被他普渡。所以世人所说的一般大成功家，实在都是一般大失败家。再就学问上讲，牛顿发明引力，人人都说是科学上的大成功，但自爱斯坦之相对论出，而牛顿转为失败，其实牛顿本没成功，不过我们没有见到就是了。近两年来欧美学界颂扬爱斯坦成功之快之大，无比矣！我们没学问，不配批评，只配跟着讴歌，跟着崇拜！但照牛顿的例看来，他也算是失败。所以无论就学问上讲就事实上讲，总一句话说：只有失败的没有成功的。

人在无边的"宇"（空间）中，只是微尘，不断的"宙"（时间）中，只是段片。一个人无论能力多大，总有做不完的事，做不完的便留交后人。这好像一人忙极了，有许多事做不完，只好说"托别人做吧！"一人想包做一切事，是不可能的，不过从全体中抽出几万万分之一点做做而已。但这如何能算是成功？若就时间论，一人所做的一段片，正如"抽刀断水水更流"，也不得叫做成功。

孔子说"死而后已"，这个人死了那个人来继续。所以说继继绳绳，始能成大的路程。天下事无不可，天下事无成功。

然而人生这件事却奇怪的很：在无量数年中，无量数人，所做的无量数事，个个都是不可，个个都是失败，照数学上零加零仍等于零的规律讲，合起来应该是个大失败，但许多的"不可"加起来却是一个"可"，许多的"失败"加起来却是一个"大成功"。这样看来也可说是上帝生人就是教人作失败事的，你想不失败吗？那除非不做事。但我们的生活便是事，起居饮食也是事，言谈思虑也是事，我们能到不做事的地步吗？要想不做事，除非不做人。佛劝人不做事，便是劝人不做人。如果不能不做人，非做事不可。这样看来普天下事都是"不可而为"的事，普天下人都是"不可而为"的人。不过孔子是"知不可而为",一般人是"不知不可而为"罢了。

"不知不可而为"的人,遇事总要计算计算某事可成功,某事必失败;可成功的便去做,必失败的便躲避。自以为算盘打对了,其实全是自己骗自己,计算的总结与事实绝对不能相应。成败必至事后始能下判断的。若事前横计算竖计算,反减少人作事的勇气。在他挑选趋避的时候,十件事至少有八件事因为怕失败,不去做了。

算盘打得精密的人,看着要失败的事都不敢做,而为势所迫,又不能不勉强去做,故常说"要失败啦!我本来不愿意做,不得已啦!"他有无限的忧疑,无限的惊恐,终日生活在摇荡苦恼里。算盘打得不精密的人,认为某件事要成功,所以在短时间内欢喜鼓舞的做去,到了半路上忽然发见他的成功希望是空的,或者做到结尾,不能成功的真相已经完全暴露,于是千万种烦恼悲哀都凑上来了。精密的人不敢做,不想做,而又不能不做,结果固然不好;但不精密的人,起初喜欢去做,继后失败了灰心丧气的不做,比前一类人更糟些。

人生在世界是混混沌沌的,从这种境界里过数十年,那末,生活便只有可悲更无可乐。我们对于"人生"真可以诅咒。为什么人来世上作消耗面包的机器呢?若是怕没人吃面包,何不留以待虫类呢?这样的人生可真没一点价值了。

"知不可而为"的人怎样呢?头一层:他预料的便是失败;他的预算册子上件件都先把"失败"两个字摆在当头,用不着什么计算不计算,拣择不拣择。所以孔子一生一世只是:"毋意!毋必!毋固!毋我!""意"是事前猜度,"必"是先定其成败,"固"是先有成见,"我"是为我。孔子的意思就是人不该猜度,不该先定事之成败,不该先有成见,不该为着自己。第二层:我们既做了人,做了人既然不能不生活,所以不管生活是段片也罢，是微尘也罢，只要在这微尘生活段片生活里，认为应该做的，便大踏步的去做，不必打算，不必犹豫。

孔子说："无适也，无莫也，义之与比。"又说："鸟兽不可与同群，吾非斯人之徒欤而谁欤？天下有道，丘不与易也。"这是绝对自由的生活。假设一个人常常打算何事应做，何事不应做，他本来想到街上散步，但一念及汽车撞死人，便不敢散步，他看见飞机很好，也想坐一坐，但一念及飞机摔死人，便不敢坐，这类人是自己禁住自己的自由了。要是外人剥夺自己的自由，自己还可以恢复，要是自己禁住自己的自由，可就不容易恢复了。

"知不可而为"主义是使人将做事的自由大大的解放，不要作无为之打算，自己捆绑自己。

孔子说："智者不惑，仁者不忧，勇者不惧。"不惑就是明白，不忧就是快活，不惧就是壮健。反过来说，惑也，忧也，惧也，都是很苦的，人若生活于此中，简直是过监狱的生活。遇事先计画成功与失败，岂不是一世在疑惑之中？遇事先怕失败，一面做，一面愁，岂不是一世在忧愁之中？遇事先问失败了怎么样，岂不是一世在恐惧之中？

"知不可而为"的人，只知有失败，或者可以说他们用的字典里，从没有成功二字。那末，还有什么可惑可忧可惧呢？所以他们常把精神放在安乐的地方。所以一部《论语》，开宗明义便说，"不亦乐乎！""不亦悦乎！"用白话讲，便是"好呀！""好呀！"

孔子说："发愤忘食，乐以忘忧，不知老之将至。"可见他作事是自己喜欢的，并非有何种东西鞭策才作的，所以他不觉胡子已白了，还只管在那里做。他将人生观立在"知不可而为"上，所以事事都变成不亦乐乎，不亦悦乎，这种最高尚最圆满的人生，可以说是从"知不可而为"主义发生出来。我们如果能领会这种见解，即令不可至于乐乎悦乎的境地，至少也可以减去许多"惑""忧""惧"，将我们的精神放在安安稳稳的地位上。这样才算有味的生活，这样才值得生活。

第一股做完了，现在做第二股，仍照八股的做法，说几句过渡的话。"为而不有"主义与"知不可而为"主义，可以说是一个主义的两面。"知不可而为"主义可以说是"破妄返真"，"为而不有"主义可以说是"认真去妄"。"知不可而为"主义可使世界从烦闷至清凉，"为而不有"主义可使世界从极平淡上显出灿烂。

为而不有这句话，罗素解释的很好。他说人有两种冲动，（一）占有冲动，（二）创造冲动。这句话便是提倡人类的创造冲动的。他这些学说诸君谅已熟闻，不必我多讲了。

"为而不有"的意思是不以所有观念作标准，不因为所有观念始劳动。简单一句话，便是为劳动而劳动。这话与佛教说的"无我我所"相通。

常人每做一事，必要报酬，常把劳动当作利益的交换品，这种交换品只准自己独有，不许他人同有，这就叫做"为而有"。如求得金钱，名誉，因为"有"，才去"为"。有为一身有者，有为一家有者，有为一国有者。在老子眼中看来，无论为一身有，为一家有，为一国有，都算是为而有，都不是劳动的真目的。人生劳动应该不求报酬，你如果问他"为什么而劳动？"他便答道："不为什么。"再问"不为什么为什么劳动？"他便老老实实说"为劳动而劳动，为生活而生活"。

老子说"上人为之而无以为"。韩非子给他解释的很好："生于其心之所不能已，非求其为报也。"简单说来，便是无所为而为。既无所为，所以只好说为劳动而劳动，为生活而生活，也可说是劳动的艺术化，生活的艺术化。

老子还说"既以为人己愈有，既以与人己愈多"。这是说我要帮助人，自己却更有，不致损减。我要给人，自己却更多，不致损减。这话也可作为而不有的解释。按实说老子本来没存"有""无""多""少"的观念，不过假定差别相以示常人罢了。

在人类生活中最有势的便是占有性。据一般人的眼光看来，凡是为人的好像己便无。例如楚汉争天下，楚若为汉，楚便无，汉若为楚，汉便无，韩信张良帮汉高的忙谋皇帝，他们便无。凡是与人的好像己便少，例如我们到磁器铺子里买瓶子，一个瓶子，他要四元钱，我们只给他三元半，他如果卖了，岂不是少得五角？岂不是既以与人己便少吗？这似乎是和己愈有、己愈多的话相反。然自他一方面看来，譬如我今天讲给诸君听，总算与大家了，但我仍旧是有，并没减少。再如教员天天在堂上给大家讲，不特不能减其所有，反可得"教学相长"的益处。至若弹琴，唱歌给人听，也并没损失，且可使弹的唱的更加熟练。文学家，诗人，画家，雕刻家，慈善家，莫不如此。即就打算盘论，帮助人的虽无实利，也可得精神上的愉快。

老子又说"含德之厚，比于赤子，赤子终日号而不嗄，和之至也"。他的意思就是说成人应该和小孩子一样，小孩子天天在那里哭，小孩子并不知为什么而哭，无端的大哭一场，好像有许多痛心的事，其实并不为什么。成人亦然。问他为什么吃？答为饿。问他为什么饿，答为生理上必然的需要。再问他为什么生理上需要，他便答不出了。所以"为什么"是不能问的，如果事事问为什么，什么事都不能做了。

老子说"无为而无不为"，我们却只记得他的上半截的"无为"，把下半截的"无不为"忘掉了。这的确是大错。他的主义是不为什么，而什么都做了。并不是说什么都不做。要是说什么都不做，那他又何必讲五千言的《道德经》呢？"知不可而为"主义与"为而不有"主义都是要把人类无聊的计较一扫而空，喜欢做便做，不必瞻前顾后。所以归并起来，可以说这两种主义就是"无所为而为"主义，也可以说是生活的艺术化，把人类

◎ 《道德经》

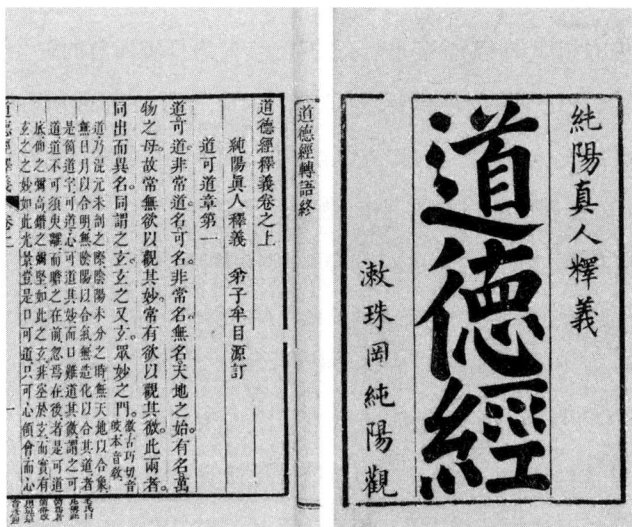

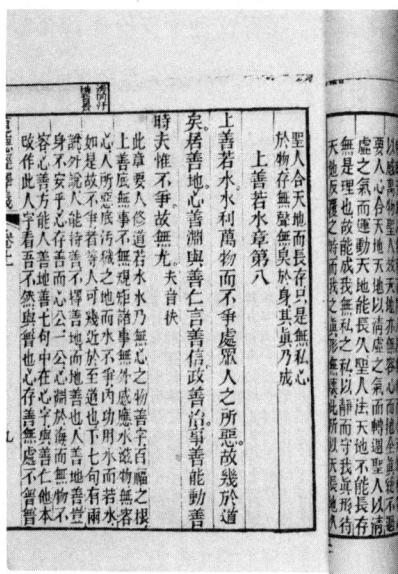

计较利害的观念，变为艺术的情感的。

这两种主义的概念，演讲完了。我很希望他发扬光大推之于全世界。但要实行这种主义须在社会组织改革以后。试看在俄国劳农政府之下，"知不可而为"和"为而不有"的人比从前多得多了。

社会之组织未变，社会是所有的社会，要想打破所有的观念，大非易事，因为人生在所有的社会上，受种种的牵掣，倘有人打破所有的观念，他立刻便缺乏生活的供给。比方作教员的，如果不要报酬，便立刻没有买书的费用。然假使有公共图书馆，教员又何必自己买书呢？中国人常喜欢自己建造花园，然而又没有钱，其势不得不用种种不正当的方法去找钱，这还不是由于中国缺少公共花园的缘故吗？假使中国仿照欧美建设许多极好看极精致的公共花园，他们自然不去另造了。所以必须到社会组织改革之后，对于公众有种种供给时，才能实行这种主义。

虽是这样说法，我们一方面希望求得适宜于这种主义的社会，一方面在所处的混浊的社会中，还得把这种主义拿来寄托我们的精神生活，使他站在安慰清凉的地方。我看这种主义恰似青年修养的一付清凉散。我不是拿空话来安慰诸君，也不是勉强去左右诸君，他的作用着实是如此的。

最后我还要对青年进几句忠告。老子说"宠辱不惊"。这句话最关重要。现在的一般青年或为宠而惊，或为辱而惊。然为辱而惊的大家容易知道，为宠而惊的大家却不易知道。或者为宠而惊的比较为辱而惊的人的人格更为低下也说不定。五四以来，社会上对于青年可算是宠极了，然根底浅薄的人，其所受宠的害，恐怕比受辱的害更大吧。有些青年自觉会做几篇文章，便以为满足；其实与欧美比一比，那算得什么学问，徒增了许多虚荣心罢了。他们在报上出风头，不过是为眼前利害所鼓动，为虚荣心所鼓动，别人说成功，他们便自以为成功，岂知天下没成功的事？这些

大家
讲演

都是被成败利钝的观念所误了。

古人的这两句话，我希望现在的青年在脑子里多转几转，把他当作失败中的鼓舞，烦闷中的清凉，困倦中的兴奋。

一九二一年十二月二十一日为哲学社讲演，建猷、品青合记

原载一九二二年《哲学》第五期

世界外之世界

诸葛孔明初与石广元、徐元直、孟公威等俱游学，三人务精熟，诸葛独观大略。常抱膝长啸，而谓三人曰：卿等仕进可至刺史郡守也。也三人问其所至，但笑而不言。日惟躬耕陇亩，好为《梁父吟》。呜呼！此何等心胸，何等气象！彼其于群雄扰攘四海鼎沸之顷，泊然置其一身于世界外之世界，而放炯眼以照世界，知自己之为何人，知世界之为何状，己与世界有如何之关系，知己在世界当处如何之位置。盖其所以自审自择者，固已凤定，必非欲以苟全性命于乱世终其身也。盖知彼三人者，随时势之人；而己乃造时势之人也。呜呼！真人物，真豪杰，其所养有如此者。

人也者，好群之动物也。（此西儒亚里士多德之言。）近自所亲，远及所未见，相交互而成世界。虽然，日处于城市杂沓之地，受外界之刺激熏染，常不复自识我之为我，故时或独处静观，遁世绝俗，然后我相始可得见。顾所谓遁世绝俗者，其种类亦有数端：一则旁观派者流，伪为坚僻诡异之行，立于世外，玩世嘲俗，以为韵事佳话，所谓俗中笑俗，毫无取焉。次则以热心之极，生一种反动力，抱非常之才，睹一世之瞶瞶，不忍扬波酿醨，乃甘与世绝，不以泯泯污察察，不以骐骥任驽骀，此三闾大夫之徒也。君子哀之，且深敬之。亦有性本恬淡，独禀清淑，不乐与人间世交涉，而放浪形骸之外者。古今高流之诗人，往往有之。如李白之诗，所谓"问余何事栖碧山，笑而不答心自闲。桃花流水杳然去，别有天地非人间"，其天才识想，自有高出于凡俗者。但此等人于世界，无甚关系，吾甚爱之，不愿学之。

寻常人能入世界而不能出；高流者能出世界而不能入；最高流者既入之，复出之，既出之，复入之，即出即入，非出非入，复哉尚乎！望之似易，行之甚难。虽不可强而致，顾不可不学而勉。无论如何寻常之人，日为寻常界所困，如醉如梦，及其偶遇一人独居更无他事之时，时或有翛然洒然，与天地为伴侣，而生不可思议之思想者。英国某小说所载一段，有足描写此情态者。其言曰：

狄西将军之征埃及也，有一骑士为亚剌伯人所擒，深夜伺隙窃逃，沿尼罗河上流，急鞭疾驱，尽马力所及。马卒疲毙，遂独遗一身于浩浩沙漠之中，欲进不能，欲退不得，惟啜咀椰子以自活。万籁无声，乾坤寂寥，极目一望，渺茫无涯，惟见地平线尽处，如画如缀。绝望之极，抱椰树痛哭。时鼓无聊之勇气，大声而呼，其声惟远消散于沙际，曾无反响。偶觉有之，则惟心所幻造而已。寂寥之余，万感累动，远想故国之天地，车如流水，马如游龙，杂沓繁华之境，历历在目。过此数日，每日必有无量数之新感想，涌起陡落，欲禁而不能自禁。于孤身只影人声全绝之间，忽开出自然之秘密藏，得不可思议之感悟。见太阳之出又没，没又出，觉有无限庄严之象，隐于人界。或见一二怪禽之高翔，数片旱云之掩空，红黄碧绿，种种色相，凡映于眼帘者，则其心藏必缘之而浮一新想。一轮孤月，透破夜色，光闪沙上，四望灿烂，凉风簸沙，自成波线，动漾无息。时或暴风怒号，峨峨沙柱，卷立寥空者，殆百十数。俄然风息，星斗阑干，爽气顿生，恍如听空中皇裔微妙之天乐。自谓此中乐趣，为生平所未遇。以后欲追之而无计可得，盖其愉快有不足为外人道者。

夫以彼骑士不过寻常一浊物，非能有道心真自得者，而处于此境，尚能发尔许之思想，增尔许之智慧，物之移情，固如是乎。

画师之作画也，往往舐笔伸纸，注全身之力于只手，其心惟在画上，不及其外；然时或退两三步若五六步，凝视之，更执笔向纸如初，如是者数次，而画乃完成。诗家亦然，常有苦思力索，捻断髭茎，终不得就；时而掷笔游想，不见有诗，惟见有我，妙手偶得，佳句斯构。故成连学琴，导之海上；飞卫教射，视虮如轮。天下事固有求之于界线之内而不得，求之于界线之外然后得之者。郑裨谌善谋，谋于野则获，谋于邑则否。无论何人何事，常有此一段境界，善用之者，斯为伟人。

俾士麦稍有休暇，则退舍于田园；或单身入夜，彳亍散步。其所计画国事，多在此时。彼虽非理想家，然其所经营，常超越凡人，不好为规矩所束缚，故常脱羁绊而住于惟我独尊之境。彼尝在福郎克戈寄一短笺于其夫人云："舟以某日，泛来因河。予乘明月，泳乎中流，浮露水面，仅鼻与眼。凫浴时许，直达滨泾。彻夜悄静，循流徐行，仰视惟见，月星娟娟，横睇两崖，峦嶻重叠，如迎如送，棋布平原，惟古战场。耳根所接，仅有水声，泠然恍兮，乃似幽梦。噫嘻！一年三百六十日，安得昔昔有此游。"格兰斯顿亦然，退食之暇，屏妻子，去婢仆，一人栖于后园，伐木丁丁然。自余大宗教家，更多斯迹。摩哈默德在觅加为商，单身遁于寂寞之地者数次，其悟道也，实在希拉之一浅洞。释迦牟尼苦行六年，乃起于菩提树下。哲人杰士，罔不如是。

何以故？清明在躬，则志气如神。天下固未有昏浊营乱之脑质，而可以决大计立大业者。而凡大人物大豪杰，其所负荷之事愈多愈重，则其与

◎ 梁启超行书

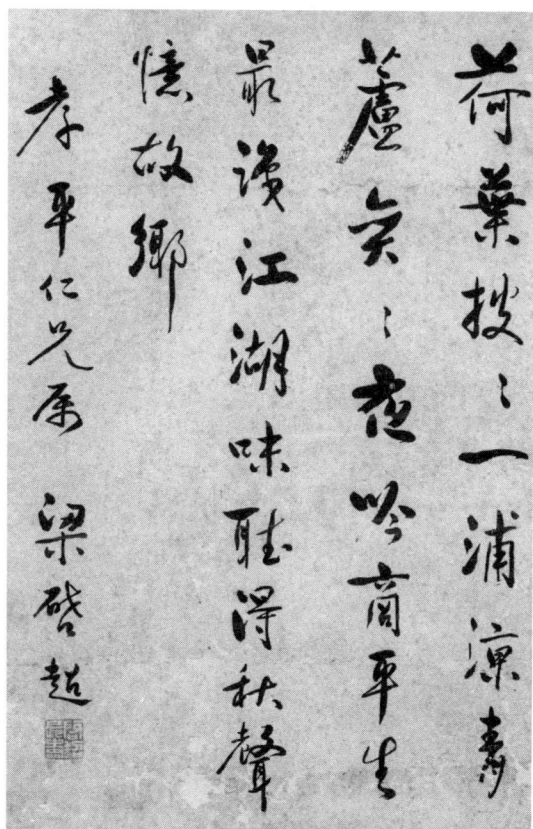

社会交接也愈杂愈繁，非常有一世界外之世界，以养其神明，久而久之，将为寻常人所染，而渐与之同化；即不尔，而脑髓亦炙涸，而智慧亦不得不倒退。故欲学为大人物者，在一生中，不可无数年住世界外之世界；在一年中，不可无数月住世界外之世界；在一日中，不可无数刻住世界外之世界。呜呼！风雨如晦，鸡鸣不已。虽不能至，心向往之。

原载一九〇一年《清议报》第一百册

人生目的何在

　　呜呼！可怜！世人尔许忙！忙个甚么？所为何来？

　　那安分守己的人，从稍有知识之日起，入学校忙，学校毕业忙，求职业忙，结婚忙，生儿女忙，养儿女忙，每日之间，穿衣忙，吃饭忙，睡觉忙，到了结果，老忙，病忙，死忙。忙个甚么？所为何来？

　　还有那些号称上流社会，号称国民优秀分子的，做官忙，带兵忙，当议员忙，赚钱忙；最高等的，争总理总长忙，争督军省长忙，争总统副总统忙，争某项势力，某处地盘忙；次一等的，争得缺忙，争兼差忙，争公私团体位置忙。由是而运动忙，交涉忙，出风头忙，捣乱忙，奉承人忙，受人奉承忙，攻击人忙，受人攻击忙，倾轧人忙，受人倾轧忙。由是而妄语忙，而欺诈行为忙，而妒嫉忙，而恚恨忙，而怨毒忙。由是而决斗忙，而惨杀忙。由是而卖友忙，而卖国忙，而卖身忙。那一时得志的，便宫室之美忙，妻妾之奉忙，所识穷乏者得我忙；每日行事，则请客忙，拜客忙，坐马车汽车忙，麻雀忙，扑克忙，花酒忙，听戏忙，陪姨太太作乐忙，和朋友评长论短忙。不得志的，那里肯干休，还是忙；已得志的，那里便满足，还是忙。就是那外面像极安闲的时候，心里千般百计转来转去，恐怕比忙时还加倍忙；乃至夜里睡着，梦想颠倒，罣碍恐怖，和日间还是一样的忙，到了结果，依然还他一个老忙，病忙，死忙。忙个甚么？所为何来？

　　有人答道："我忙的是要想得快乐。"人生在世，是否以个人快乐为究竟目的，为最高目的，此理甚长，暂不细说。便是将快乐作为人生目的之一，我亦承认；但我却要切切实实问一句话：汝如此忙来忙去，究竟现时是否快乐？从前所得快乐究竟有多少？将来所得快乐究竟在何处？拿过去现在未来的快乐，和过去现在未来的烦恼，相乘相除是否合算？白香山诗云："妻子欢娱僮仆饱，看来算只为他人。"当知虽有广厦千间，我坐不过要一床，卧不过要一榻。虽有貂狐之裘千袭，难道我能够无冬无夏，把他全数披在身上？虽有侍妾数百人，我难道能同时一个一个陪奉他受用？若真真从个人自己快乐着想，倒不如万缘俱绝，落得清净。像汝这等忙来忙去，钩心斗角，时时刻刻，都是现世地狱，未免太不会打算盘了。如此看来，那里是求快乐，直是讨苦吃。我且问汝：汝到底忙个甚么？所为何来？若说汝目的在要讨苦吃，未免不近人情，如若不然，汝总须寻根究柢，还出一个目的来。

　　以上所说，是那一种过分的欲求，一面自讨苦吃，一面造成社会上种种罪恶的根原。此等人不惟可怜，而且可恨，不必说他了。至于那安分守己的人，成日成年，勤苦劳作，问他忙个甚么，所为何来，他便答道："我总要维持我的生命，保育我的儿女。"这种答语，原是天公地道，无可批驳；但我还要追问一句：汝到底为甚么要维持汝的生命？汝维持汝的生命，究竟有何用处？若别无用处，那便是为生命而维持生命，难道天地间有衣服怕没人穿，有饭怕没人吃，偏要添汝一个人来帮着消缴不成？则那全世界十余万万人，个个都是为穿衣吃饭两件事来这世间鬼混几十年，则那自古及今无量无数人，生生死死死死生生，不过专门来帮造化小儿吃饭，则人生岂复更有一毫意味？又既已如是，然则汝用种种方法，保育汝家族，繁殖汝子孙，又所为何来？难道因为天地间缺少衣架缺少饭囊，必须待汝构造？如若不然，则汝一日一月一年一世忙来忙去，到底为的甚么？汝总须寻根究柢，牙清齿白，还出一个目的来。

孟子曰："人之所以异于禽兽者几希。"且道这几希的分别究在何处。依我说：禽兽为无目的的生活，人类为有目的的生活，这便是此两部分众生不可逾越的大界线。鸡狗麀终日营营，问他忙个甚么，所为何来，虫蝶翩翩，蛇蟺蜿蜒，问他忙个甚么，所为何来。溷厕中无量无数粪蛆，你爬在我背上，我又爬在你背上，问他忙个甚么，所为何来。我能代他答道：我忙个忙，我不为何来。勉强进一步则代答道：我为维持生命繁殖我子孙而来。试问人类专来替造化小儿穿衣吃饭过一生的，与彼等有何分别？那争权争利争地位忽然趾高气扬忽然垂头丧气的人，和那爬在背上挤在底下的粪蛆有何分别？这便叫做无目的的生活，无目的的生活，只算禽兽，不算是人。

我这段说话，并非教人不要忙，更非教人厌世。忙是人生的本分，试观中外古今大人物若大禹若孔子若墨子若释迦若基督，乃到其他圣哲豪杰，那一个肯自己偷闲？那一个不是席不暇暖突不得黔奔走栖皇一生到老？若厌忙求闲，岂不反成了衣架饭囊材料？至于说到厌世，这是没志气人所用的字典方有此两字；古来圣哲，从未说过，千万不要误会了。我所说的是告诉汝终日忙终年忙，总须向着一个目的忙去。汝过去现在到底忙个甚么，所为何来，不惟我不知道，恐怕连汝自己也不知道；汝自己不惟不知道，恐怕自有生以来，未曾想过。呜呼！人生无常，人身难得，数十寒暑，一弹指顷，便尔过去；今之少年，曾几何时，忽已颀然而壮，忽复颓然而老，忽遂奄然而死。囫囵模糊，蒙头盖面，包脓裹血，过此一生，岂不可怜！岂不可惜！何况这种无目的的生活，决定和那种种忧怖烦恼纠缠不解，长夜漫漫，如何过得！我劝汝寻根究柢还出一个目的来，便是叫汝黑暗中觅取光明，教汝求一个安身立命的所在。汝要求不要求，只得随汝，我又何能勉强？但我有一句话：汝若到底还不出一个目的来，汝的生活，便是无目的，便是和禽兽一样，恐怕成孟子所说的话："如此则与禽兽奚择"了。

汝若问我人生目的究竟何在，我且不必说出来，待汝痛痛切切彻底参详透了，方有商量。

选自《梁启超文选》（民声书店一九三五年版）

大家
讲读

惟　心

境者心造也。一切物境皆虚幻，惟心所造之境为真实。同一月夜也，琼筵羽觞，清歌妙舞，绣帘半开，素手相携，则有余乐；劳人思妇，对影独坐，促织鸣壁，枫叶绕船，则有余悲。同一风雨也，三两知己，围炉茅屋，谈今道故，饮酒击剑，则有余兴；独客远行，马头郎当，峭寒侵肌，流潦妨毂，则有余闷。"月上柳梢头，人约黄昏后"，与"杜宇声声不忍闻，欲黄昏，雨打梨花深闭门"，同一黄昏也，而一为欢憨，一为愁惨，其境绝异。"桃花流水杳然去，别有天地非人间"，与"人面不知何处去，桃花依旧笑春风"，同一桃花也，而一为清净，一为爱恋，其境绝异。"舳舻千里，旌旗蔽空，酾酒临江，横槊赋诗"，与"浔阳江头夜送客，枫叶荻花秋瑟瑟。主人下马客在船，举酒欲饮无管弦"，同一江也，同一舟也，同一酒也，而一为雄壮，一为冷落，其境绝异。

然则天下岂有物境哉，但有心境而已！戴绿眼镜者，所见物一切皆绿；戴黄眼镜者，所见物一切皆黄；口含黄连者，所食物一切皆苦；口含蜜饧者，所食物一切皆甜。一切物果绿耶？果黄耶？果苦耶？果甜耶？一切物非绿、非黄、非苦、非甜，一切物亦绿、亦黄、亦苦、亦甜，一切物即绿、即黄、即苦、即甜。然则绿也、黄也、苦也、甜也，其分别不在物而在我，故曰三界惟心。

有二僧因风扬刹幡，相与对论。一僧曰："风动"，一僧曰："幡动"，往复辨难无所决。六祖大师曰："非风动，非幡动，仁者心自动。"任公曰：三界惟心之真理，此一语道破矣。天地间之物一而万、万而一者也。山自山，川自川，春自春，秋自秋，风自风，月自月，花自花，鸟自鸟，万古不变，无地不同。然有百人于此，同受此山、此川、此春、此秋、此风、此月、此花、此鸟之感触，而其心境所现者百焉；千人同受此感触，而其心境所现者千焉；亿万人乃至无量数人同受此感触，而其心境所现者亿万焉，乃至无量数焉。然则欲言物境之果为何状，将谁氏之从乎？仁者见之谓之仁，智者见之谓之智，忧者见之谓之忧，乐者见之谓之乐，吾之所见者，即吾所受之境之真实相也。故曰：惟心所造之境为真实。

然则欲讲养心之学者，可以知所从事矣。三家村学究，得一第，则惊喜失度，自世胄子弟视之何有焉？乞儿获百金于路，则挟持以骄人，自富豪家视之何有焉？飞弹掠面而过，常人变色，自百战老将视之何有焉？"一箪食，一瓢饮，在陋巷，人不堪其忧"，自有道之士视之何有焉？天下之境，无一非可乐、可忧、可惊、可喜者，实无一可乐、可忧、可惊、可喜者。乐之、忧之、惊之、喜之，全在人心，所谓"天下本无事，庸人自扰之"，境则一也。而我忽然而乐，忽然而忧，无端而惊，无端而喜，果胡为者？如蝇见纸窗而竞钻，如猫捕树影而跳掷，如犬闻风声而狂吠，扰扰焉送一生于惊喜忧乐之中，果胡为者？若是者，谓之知有物而不知有我；知有物而不知有我，谓之我为物役，亦名曰心中之奴隶。

是以豪杰之士，无大惊，无大喜，无大苦，无大乐，无大忧，无大惧。其所以能如此者，岂有他术哉？亦明三界唯心之真理而已，除心中之奴隶而已。苟知此义，则人人皆可以为豪杰。

原载一九〇〇年《清议报》第三十七册

慧 观

同一书也，考据家读之，所触者无一非考据之材料；词章家读之，所触者无一非词章之材料；好作灯谜酒令之人读之，所触者无一非灯谜酒令之材料；经世家读之，所触者无一非经世之材料。同一社会也（即人群），商贾家人之，所遇者无一非锱铢什一之人；江湖名士人之，所遇者无一非咬文嚼字之人；求宦达者人之，所遇者无一非谄上凌下、衣冠优孟之人；怀不平者人之，所遇者无一非陇畔辍耕、东门倚啸之人。各自占一世界，而各自谓世界之大，已尽于是，此外千形万态，非所见也，非所闻也。昔有白昼攫金于齐市者，吏捕而诘之曰："众目共视之地，汝攫金不畏人耶？"其人曰："吾彼时只见有金，不见有人。"夫一市之人之多，非若秋毫之末之难察也，而攫金者不知之，此其故何哉？昔有佣一蠢仆执爨役者，使购求食物于市，归而曰："市中无食物。"主人曰："嘻，鱼也，豕肉也，芥也，姜也，何一不可食者？"于是仆适市，购辄得之。既而亘一月，朝朝夕夕所食者，皆鱼也，豕肉也，芥也，姜也。主人曰："嘻，盍易他味？"仆曰："市中除鱼与豕肉与芥与姜之外，无有他物。"夫一市之物之多，非若水中微虫，必待显微镜然后能睹也，而蠢仆不知之，此其故何哉？

任公曰：吾观世人所谓智者，其所见与彼之攫金人与此之蠢仆，相去几何矣？李白、杜甫满地，而衣被裋褐、携锄犁者，必不知之；计然、范蠡满地，而摹禹行、效舜趋者，必不知之；陈涉、吴广满地，而飨五鼎、鸣八驷者必不知之。其不知也，则直谓世界中无有此等人也，虽日日以此等人环集于其旁，而彼之视为无有固自若也。不此之笑，而惟笑彼之攫金者与此之蠢仆，何其蔽欤？

人谁不见苹果之坠地，而因以悟重力之原理者，惟有一奈端；人谁不见沸水之腾气，而因以悟汽机之作用者，惟有一瓦特；人谁不见海藻之漂岸，而因以觅得新大陆者，惟有一哥仑布；人谁不见男女之恋爱，而因以看取人情之大动机者，惟有一瑟士丕亚。无名之野花，田夫刈之，牧童蹈之，而窝儿哲窝士于此中见造化之微妙焉；海滩之僵石，渔者所淘余，潮雨所狼藉，而达尔文于此中悟进化之大理焉。故学莫要于善观。善观者，观滴水而知大海，观一指而知全身，不以其所已知蔽其所未知，而常以其所已知推其所未知，是之谓慧观。

原载一九〇〇年《清议报》第三十七册

大家

余之死生观

我可以毋死耶? 君可以毋死耶? 嘻! 前我而生者, 亿兆京垓无量数不可思议之人则既死; 并我而生者, 一岁之中, 全世界数十兆以上之人则既死, 我国内数兆以上之人则既死, 我与君其终不能免矣。死既终不能免, 一死之后, 我与君将澌然以俱尽耶? 果尔尔, 则我将惟杨朱之言是宗曰: 死则一矣, 毋宁乐生。虽然, 我见我国若全世界过去之圣哲, 皆有其不死者存; 我见我国若全世界过去之豪杰, 皆有其不死者存; 我见我国若全世界过去亿兆京垓无量数不可思议之人类, 无论智愚贤不肖, 皆有其不死者存, 故知我与君皆有其不死者存。今愿与君研究 "死学"。

自昔野蛮时代之宗教, 皆言灵魂, 即号称文明宗教在今世诸文明国中最有势力如景教者, 亦言灵魂。孔教则不甚言灵魂, 佛教则反对外道六大论师之言灵魂, 近世欧美哲学家, 就中如进化论一派, 亦反对景教之言灵魂。灵魂之果有果无? 若有之, 则其状态当何若? 是数千年来学界一最大问题, 辩争至剧烈, 而至今未尝已者也。虽然, 无论为宗教家, 为哲理家, 为实行教育家, 其持论无论若何差异, 而其究竟必有一相同之点, 曰人死而有不死者存是已。此不死之物, 或名之为灵魂, 或不名之为灵魂, 或语其一局部，或语其全体，实则所指同而所名不同，或所证同而所修不同，此辨争之所由起也。吾今欲假名此物，不举其局义而举其遍义，故不名曰灵魂而名曰精神。精神之界说明，然后死学可得而讲也。

　　佛教之反对印度旧教言灵魂者何也？旧教言轮回，言解脱，佛教亦言轮回，言解脱，独轮回解脱之主体，旧教惟属诸么匿，佛则么匿与拓都并言之，而所重全在其拓都，此其最异之点也。故此主体者，佛教不名之曰灵魂，而名之曰羯磨。旧教言灵魂，虽各各不同，然皆言有一"神我"，我为所轮回体，神我为能轮回体。佛教以为若此沾滞于小我，是求解脱而反系缚也，故排之而立羯磨义（佛之排旧教说，此不能具征，余近别著《死不死》一书，当详言之）。佛说以为一切众生自无始来，有"真如""无明"之二种性，在于识藏。而此无明，相熏相习，其业力总体演为器世间，是即世界也；其个体演为有情世间，即人类及其他六道众生也。以今义释之，则全世界者，全世界人类心理所造成（佛说不限人类，今举狭义耳）；一社会者，一社会人之心理所造成；个人者，又个人之心理所造成也（今之个人，由有生以前之心理所造，今之心理又造成死后之个人，全世界乃至一社会亦复如是）。佛说一切万象悉皆无常，刹那生灭，去而不留，独于其中有一物焉，因果连续，一能生他，他复生一。前波后波，相续不断，而此一物，名曰羯磨。［佛说经汗牛充栋，语其指归，不外发明此义。今举其最浅显者一段示证。《首楞严经》云：佛告大王：汝身现在，今复问汝。汝此肉身，为同金刚常住不朽，为复变坏？世尊：我今此身终从变灭。佛言大王：汝未曾灭，云何知灭？世尊：我此无常变坏之身，虽未曾灭，我观现前，念念迁谢，新新不住，如火成灰，渐渐销殒，殒亡不息，决知此身，当从灭尽。（中略）佛告大王：汝见变化，迁改不停，悟知汝灭，亦于灭时，知汝身中，有不灭耶？波斯匿王合掌白佛：我实不知。佛言：我今示汝，不生灭性，汝年几时，见恒河水。王言：我生三岁，慈母携我，谒耆婆天，经过此流，尔时即知，是恒河水。佛言大王：如汝所说，二十之时，衰于十岁，乃至六十，日月岁时，念念变迁，则汝三岁，见此河时，至年十三，其水云何？王言：如三岁时，宛然无异，乃至于今，六十有二，亦无有异。佛言：汝今自伤，发白面皱，其面必定，皱于童年，则汝今时，观此恒河，与昔童时，观河之见，有童耄不？王言：不也，世尊。佛言大王：汝面虽皱，而此见精，性未曾皱，皱者为变，不皱非变，变者受灭，彼不变者，原无生灭，云何于中，受汝生灭，而犹引彼末伽梨等都言，此身死后全灭。] 羯磨之为物，殆如然电灯者，电能消去，而其遗渍，缘表筒中，铢黍不爽。（今各国然电灯煤气灯者，灯局皆置表于然者之室，每月视其表而量其所然之多寡，因以取价。）又如人食物品，品中土性盐质，除秽泄外，而其余精，遍灌血管。（以上设譬，粗而不类，特举浅近以示证耳。）于是乎有因果之律，谓凡造一业，必食其报，无所逃避。（法句一二七偈云：汝虽复至大洋中央，乃至深山洞窟之下，举此世间，终无能逃汝所造业结果之处。）人之肉身，所含原质，一死之后，还归四大，固无论已。（四大者，谓地、水、火、风也。中国言五行，而印度言四行，《圆觉经》言：死后骨肉归土，血唾归水，动力归火，气息归风，今此肉身，更在何处。）就其生前，亦既刻刻变易，如川逝水，今日之我已非故吾，方见为新，交臂已故。（《首楞严经》云：若复令我，微细思维，其变宁惟，一纪二纪？实为年变，岂惟年变，亦兼月化，何直月化？兼亦日迁，沉思谛观，刹那刹那，念念之间不得停住。）此其为说，证诸今日科学所言，血轮肌体循环代谢之理，既已确然无所容驳。故夫一生数十年间，至幻无常，无可留恋，无可宝贵，其事甚明。而我现在有所行为，此行为者，语其现象，虽复乍起即灭，若无所留，而其性格，常住不灭，因果相续，为我一身及我同类将来生活一切基础。世界之中，有人有畜，乃至更有其他一切众生；人类之中，有彼此国，有彼此家，有彼此族，彼此社会。所以者何？皆缘羯磨相集相熏组织而成。是故今日，我辈

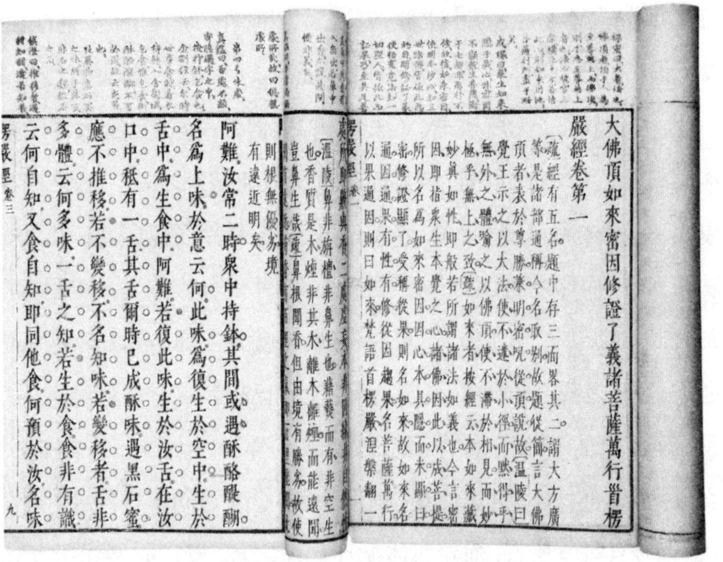
大佛頂如來密因修證了義諸菩薩萬行首楞嚴經卷第一
阿難。汝常二時衆中持鉢。其間或遇酥酪醍醐。
名爲上味。於意云何。此味爲復生於空中。生於
舌中。爲生食中。阿難若復此味生於汝舌。在汝
口中。秖有一舌。其舌爾時已成酥味。遇黑石蜜
應不推移。若不變移。不名知味。若變移者。舌非
多體。云何多味。一舌之知。若生於食。食非有識。
云何自知。又食自知。即同他食。何預於汝。名味

一举一动，一言一话，一感一想，而其影象，直刻入此羯磨总体之中，永不消灭，将来我身及我同类受其影响，而食其报。此佛说之大概也。

　　吾受其义，而叹其与今日进化论者流之说，若合符契也。侯官严氏括引晚近生学家言，谓官品一体之中，有其死者焉，有其不死者焉，而不死者，又非精灵魂魄之谓也。可死者甲，不可死者乙，判然两物。如一草木，根荄支干，果实花叶，甲之事也，而乙则离母而转附于子，绵绵延延，代可微变，而不可死，或分其少分以死，而不可尽死。动植皆然。故一人之身，常有物焉，乃祖父之所有，而托生于其身，盖自受生得形以来，递嬗迤转，以至于今，未尝死也（《天演论》下一案语）。此所谓乙者何物乎？其名曰Character，译言性格。进化论家之说遗传也。谓一切众生，当其生命存立之间，所受境遇，乃至所造行为习性，悉皆遗传于其子孙。今日众生，其类种种，其族种种，各族类中，各各有其特形特性，千差万别，淆然不齐，所以者何？即其族类自无始来以迄今生存竞争之总结果，质而言之，是即既往无量岁月种种境遇种种行为累积结集全量所构也。夫所谓遗传者，固非徒在无形之性格，即有形之肢体，其种种畸异之点，亦皆汇传焉而有递变。顾前体已灭，而后体仍相袭者，故知于粗幻之现体外，必更有其精实之别体存也。夫形体则精中之粗，实中之幻者耳。而遗传之迹显然不诬也，则既若是，况更有其精中精、实中实者，其遗传力之钜益可知矣。故至今日，而所谓国民心理社会心理之一科学，日以发明。国民心理者何？社会心理者何？即前此全国全社会既死之人，以不死者贻诸子孙也。

　　遗传既可识矣，但其传焉而必递变者何也？我祖我父之业力我既受之，而我自受胎而出胎，而童弱，而壮强，而耄老，数十年间其所受现世社会之种种熏习者，我祖父未尝受也，我兼秉二者，于是乎我复有我之一特性。我数十年间，日日自举其特性而发挥之，以造出或善或恶，或有意识或无意识之种种事业，还复以熏习现社会。及吾之死也，则举吾所受诸吾祖父者，一吾所受诸现社会者，二及吾所自具之特性，三和合之以传诸我子。我子之所以传诸其子，我孙之所以传诸其孙者，亦复如是。乃至前世、现世、来世之人，所以传诸其子孙者，亦复如是，此所以虽不灭而有变也。（前引《首楞严经》佛说谓变者受灭，彼不变者，原无生灭。此指能缘之本体也，若所缘之作用，则虽不灭而有变也。）彼圣贤豪杰乃至大罪恶之人，其所以于一国一社会之历史皆有大影响，历千百年而食其果未艾者，皆以此，又不徒彼等为然也。即全社会多数之庸人，其微细羯磨，亦相结而浸润社会之空气，能以自力屡屡变易之。吾所谓过去亿兆京垓无量数不可思议之人类，无论智愚贤不肖皆有其不死者存，盖谓是也。

夫佛说主解脱，将厌离此世间而灭度之，故其教义在不造诸业，进化论主争存，将缘饰此世间而庄严之，故其教义在善造诸业，其结论之相反亦甚矣。若其说一切众生皆死而有不死者存，则其揆若一，而丝毫无所容其疑难也。佛说之羯磨，进化论之遗传性，吾皆欲名之曰精神，今吾将据此以沟合群哲微言以纵论死义。

景教言灵魂，以视佛及进化论者之说，其义似稍局矣。虽然，景教有最精最要之一言焉，曰三位一体。三位者，此译圣父、圣子、圣灵。圣父谓上帝，圣子谓景尊，圣灵即精神，通于帝与尊与一切人类之间者也。以拓都体言之则曰圣灵，以么匿体言之，则曰灵魂。灵魂何以能不死？以其通于帝也。故景教言人类之躯壳为第二生命，其上更有第一生命者存，虽进化论家极谤景尊者，或未能难也。[美国博士占士李者，现代著名之哲学家也。著《人生哲学》一书，为景教讼直。原书于一八九三年出版，现已重版四十余次云。今撮译其数段。李氏曰："挽近物质的文明，日以进化，质力不灭之说，既有定论，而其蔽也，视精神与物质为同体，乃谓物质之外更无复有精神者存，此大误也。如赫胥黎在我邦演说（案指美国），尝云：'言语者，变形之牛肉耳。'一时以为名言，实则其陋甚矣。夫就物质一方面论之，凡物之质与力其在此世界者，皆不生不灭不增不减。例如吾辈所用燃料，自千万年前，爰有大木，繁荫遍地，历若干岁，萎埋土中，化为石炭，其内更含煤油瓦斯（煤气之译音）诸质，邈历年岁，迄于今日，人智发达，能利用之，运机转轮，挽车驾舟，或炊食物，或照暗室，实则我辈，所用非薪、非煤、非油、非气，不过间接以用太阳发热之力。何以故？彼诸物者，其力受自太阳故。今试取一五十年之老松斫而投诸汽机炉中，其所发运机力之总量，即此松五十年间所吸受太阳热力之总量也。故吾辈燃煤，其所燃与五十年之松发力相等者，则知其煤在千万年前所受于太阳之热，亦正相等，而既烧之后，所损失者，并非消灭，还在空间别成他力。以故日光也，松树也，煤及煤油煤气也，蒸汽也，皆同物而异形者也。推诸百物，莫不皆然。吾辈躯壳之生命，恃日光空气乃至各动植物以为养，而空气及动植物，其源皆自日光，故谓地球上只有一物，名曰日光，日光以外，更无他物可也。而日光之形，息息变动，息息循环，今日于彼，明日于此，方为动物，旋变植物，方为植物，旋变土石，方为土石，旋变空气。以此推之，岂徒即煤、即松、即蒸汽而已。虽谓即松即牛，即牛即犬，即犬即石，即石即梅，即梅即气可也。故我之一身，谓之我之身也可，谓之并时某甲某乙之身也可，谓之过去或将来某甲某乙之身，例如谓之释迦之身，孔子之身，基督之身，尧之身，桀之身，华盛顿拿破仑之身也可。不宁惟是，谓之松也可，煤也可，蒸汽也可，牛也可，犬也可，石也可，空气也可，日光也可。何以故？息息变迁故，变迁而未尝灭故。此赫胥黎'言语即牛肉'之喻所由来也。虽然，此物质界之公例耳。若以应用诸精神界，则大不可。质而言之，则形而上的与形而下的截然不同物，未可揉杂以自乱其例也。夫使此例而可以适用于精神界也，则精神虽云不灭，而其所谓不灭者，不过如煤之然尽，而复散为气，松之老朽，而更转为煤，纯然为自然力之所支遣，如一机器。然则人类者，百岁汲汲为无意识之循环，块然与土石奚择哉！而其实相实不尔尔。凡人类皆有客观之我，有主观之我，质而言之，则主观者真我也。客观者物也，原质也，而非我也。非我之我，虽不灭而常迁，真我之我，则不灭而并不迁者也。真我之我，于何见之？于其自觉自决自动者见之，自觉自决自动之情志常住者也。故吾人一生数十寒暑，其客观的非我之我，刹那刹那，变迁以去，至七八十岁时，身上所含之原质，迥非复童稚时之遗物矣，而其间能常保持一物焉，曰'同一之我'。此'我'者，其知识与经验日以进，其希望与爱情日以富，八十老翁围炉与其子孙谈幼时之经历，了然无异，此即其最显著者也。此物也，无以名之，名之曰灵魂。若夫非我之我，则灵魂暂憩之逆旅而已。逆旅虽易，而主人未尝易。（案此语与前所引《首楞严经》佛告波斯匿王观河之见，若合符契矣。）昔博士占士马尔治那尝言：'一串之汽车，蓦止于驿场，彼其前此缘轨疾行之势力，未尝灭也，变相而已。一株之树，斩而摧之，彼其根干枝叶之势力，非顿无也，变形而已。一匹之马殪焉，彼其负重千里之势力，未尝亡也，变质而已。彼树与马，辞生物界以入于无机界之时，乃变为与活树活马有同量势力之他体。惟人亦然。人之去活而就死也，化为尘土及空气等，其总额适与死骸之筋肉肌骨等总额同量，其运动力乃至种种，亦复同量，质而言之，则生前一身之总财产，移而之他云尔。'信如是也，则天文学上三大公例，歌白尼总财产之一部分也，歌白尼死，而此物还归于何原质也？重学摄理，奈端总财产之一部分也，奈端死，而此物还归于何原质也，故以物质界与精神界同一视者，吾见其不可通矣。一言蔽之，则彼辈认物为我，而于与帝尊合体之我，反蔑之而不有焉。其坏社会之道德，损人类之资格，亦甚矣。"此李博士学说之大概也。]惟其为寻常钝根众生说法，则专表其么匿体，不表其拓都体，故不能如佛说之奥达焉。至其精义，则一而已。（佛说之羯磨，通于众生，景教之灵魂，限于人类，此其大异之点。）

孔教不甚言灵魂（《易·系》言"精气为物，游魂为变"，《礼记》言"焄蒿凄怆"，非不言之，特不雅言耳），顾亦言死后而有不死者存。不死者何？一曰家族之食报，二曰名誉之遗传。所谓积善之家必有余庆，积不善之家必有余殃。又曰：君子疾没世而名不称焉。此二义者，似彼此渺不相属，其与佛教景教及近世泰西哲学家言之论死生问题者，更渺不相属。虽然，吾以为此所谓不死者，究无二物也。物何名？亦曰精神而已。综诸尊诸哲之异说，不外将生命分为两界，一曰物质界，二曰非物质界。物质界属于么匿体，个人自私之（么匿体又非徒有物质界而已，亦有属于非物质界者存），非物质界属于拓都体，人人公有之。而拓都体复有大小焉。大拓都通于无量数大千世界，小拓都则家家而有之，族族而有之，国国而有之，社会社会而有之。拓都不死，故吾人之生命，其隶属于最大拓都者固不死，即隶属于次大又次大乃至最小之拓都者皆不死。今请以佛说之名词释之。佛之言羯磨也，个人有个人之羯磨，何以能集数人至十数人以为家？则以有其家特别同一之羯磨，乃至何以能集千万人以为族？集亿兆人以为国？集京垓人以为世界？则以有其族、其国、其世界特别同一之羯磨。个人之羯磨，则个人食其报；一家之羯磨，则全家食其报；一族一国乃至一世界之羯磨，则全族、全国、全世界食其报。由此言之，则言家族之余庆余殃者，于佛说岂有违异乎？特佛说就其大者言之，极之全世界乃至他世界；就其小者言之，则专论个人，而孔教则偏言家族之一方面而已。证以进化论之遗传说，则孔教更明确而无所容驳。夫以形体畸异之点，不过精神之粗末耳，而犹能遗传诸其子孙，则祖宗所积善恶诸业，于其子孙必有密切之关系，抑何待言。吾中国因果报应之发表于后代者，据稗乘所载及乡愚父老之所传说，往往有之。近世科学新智识渐输入，浅尝者流，讶其与学理不相应也，从而排斥之，其凿凿有据不能排斥者，则推之不可思议之数而已。其实何奇之与有？祖宗虽死，而以其不死之善业恶业遗传于子孙，子孙受之而已。[今为浅譬：人之造善业，及身不得善报，而子孙得之者，譬犹有资本以营商业，有资本则可以得利常理也。虽然，营业非必遂无失败者，故不获利亦有焉。但其资本既传诸子孙，则子孙有可以利用之而获利之资格矣。造恶业及身不得恶报，而子孙得之者，譬有人于此，常为盗以终身，盗之术巧，或终身逃法网者，有焉矣。但其为盗之恶质，传诸其子孙，其子孙终必有以盗覆其宗者。即子孙不为盗，然其祖父为盗时，必有与盗相缘之他种恶质，子孙或受之而以他道取亡者，亦有焉矣。又如淫暴之人，子孙每或多天然之夭折，必其人生时皓齿娥眉，伐性太甚，以脆弱之禀贻诸子孙也。诸如此者，若悉数之，累千万言，而不能尽。但一人之造业太复杂，不能一一调查，旁人观之，仅知其一不知其他，故往往觉其不相应。实则造一因必有一果，殆如机器然。骤视之其动作之相，虽樊然淆乱，而实有一定之秩序，铢黍无所差忒，人自不能察耳。此种之应报，或言有主之者，此自宗教迷信之言，其信否盖难遽断。籍曰有主者，然主者固无取人人而薄之，日日而稽之也。如彼纺绩者然，置一机器，而团团之绵、根根之线自能入其中而循其自然之轨以自组成之，此则无论持造物说，持天演说，而皆可通者也。又进化论家言：人物之畸异形体性质，亦有其子之代，伏而不现，及其孙或再隔数代而后现者，亦有由舅而传甥，由姑而传侄者（中国常言外甥似舅，侄女类姑，即同此理），善业恶业之或隔数代而始见应报，亦由此而已。]

　　一家之善业恶业，余庆殃于其家，一群之善业恶业，余庆殃于其群，理无二也。故我族数千年来相传之家族报应说，非直不能以今世之科学破之，乃正得今世之科学而其壁垒愈坚也。问者曰：孔教言报之身后，佛教言报之后身，宁得云无异？应之曰：不然。佛固言幺匿之羯磨，有拓都之羯磨，则受报者必不仅死后轮回之幺匿体明矣，然则佛之不废家族报应说，与家族报应说之不戾于真理，其可以类推也。故谓孔不如佛之备也可，谓孔佛殊别也不可。问者曰：既报之身后，又报之后身，毋乃重乎？应之曰：诇诸遗传之说，则吾之本体固有传焉者，有不传焉者。其传焉者，则报之于其拓都（拓都与么匿并报，盖虽传去，而我身固尚有此业存也），其不传者，则报之于其么匿。报诸么匿之义，此则孔教与进化学家所不言，而佛说逾密者也。若夫名誉之说，其理亦同一源。夫一群羯磨（即遗传性）之总体，亦集其群中个人羯磨之别体而成耳，合无量数人同印此羯磨于其群中，而其间业力较大者则其印象必较显，此即所谓名誉也。显著之印象，以视寻常普通之印象，其影响于总体之变化者，能力必倍蓰焉，故名誉能铸社会。一圣贤一豪杰出，而千百年后犹受其感化，而社会之幸福赖之，由斯道也。以比例之语说明之，则亦可谓积名之群，必有余庆也。孔子以名为教，所以劝人为一群造善业也。

其他诸哲之所以研究此问题者，不一端，今不能具征，要之与前所论列，无甚差别。吾今乃欲为下一结论曰：

吾辈皆死，吾辈皆不死。死者，吾辈之个体也；不死者，吾辈之群体也。

夫使以个体为我也，则岂必死之时而乃为死？诚有如波斯匿王所言，岁月日时，刹那刹那，全非故我。以今日生理学之大明，知我血轮运输，瞬息不停，一来复间，身中所含原质全易，如执为我也，庸讵知今日之我，七日以后，则已变为松、为煤、为牛、为犬、为石、为气也。是故当知彼，彼也，而非我，杨朱所谓十年亦死百年亦死，仁圣亦死凶愚亦死者，彼也，而非我也。抑彼之死，又岂俟十年百年？岁岁死，月月死，日日死，刻刻死，息息死。若夫至今岿然不死者，我也，历千百年乃至千百劫而终不死者，我也。何以故？我有群体故。我之家不死，故我不死；我之国不死，故我不死；我之群不死，故我不死；我之世界不死，故我不死；乃至我之大圆性海不死，故我不死。我不死而彼必死者何？彼之死，非徒生理之公例应然，即道德之责任亦应然也。我有大我，有小我；彼亦有大彼，有小彼。何谓大我？我之群体是也。何谓小我？我之个体是也。何谓大彼？我个体所含物质的全部是也（即躯壳）。何谓小彼？我个体所含物质之各分子是也（即五脏血轮乃至一身中所含诸质）。小彼不死，无以全小我；大彼不死，无以全大我。我体中所含各原质，使其凝滞而不变迁，常住而不蝉脱，则不瞬息而吾无以为生矣。夫彼血轮等之在我身，为组成我身之分子也；我躯壳之在我群，又为组成我群之分子也。血轮等对于我身，而有以死利我之责任；故我躯壳之对于我群，亦有以死利群之责任，其理同也。颉德曰：死也者，人类进化之一原素也。可谓名言。

　　抑死（以下之死字皆指恒言所谓死）之责任，非犹夫寻常之责任也，他责任容或可逃，惟此一责任，则断无可逃。常情莫不贪生而避死，然生终未闻以贪而能常，死终未闻以避而能免，夫亦尽人而知之矣。明知其不能常，不能免，而犹贪焉避焉者，则人类志力薄弱之表征也，要之于"死后而有不死者存"之一义见之未莹也。吾之汲汲言此义也，非欲劝人祈速死以为责任也。盖惟憭于死而不死之理，故以为吾之事业之幸福，限于此眇小之七尺，与区区之数十寒暑而已，此外更无有也，坐是之故，而社会的观念与将来的观念两不发达。夫社会的观念与将来的观念，正人之所以异于禽兽者也，苟其无之，则与禽兽无择也。同为人类，而此两观念之或深或浅或广或狭，则野蛮文明之级视此焉，优劣胜败之数视此焉。今且勿论一国，勿论一族，即以一家校之，使其家之先辈，漠然不为子孙将来之计，则家之索可立而待也。虽然，既已谓之人类，则此两种观念者，则已自无始以来之羯磨而熏之受之，虽有深浅广狭，而其本性中无此根器者，未或闻也。故虽有愚不肖之夫，要能知节制其现在快乐之一部分以求衰老时之快乐，牺牲其本身利益之一部分以求家族若后代之利益。此种习性，我国人之视他国，尤深厚焉，此即我国将来可以竞胜于世界之原质也。孟子曰："善推其所为而已矣。"将来之界，不限于本身，社会之界，不限于家族，推之推之，则国之浮焉可立而待也。

杨度曰："古之仁者，其身虽死，而其精神已宏被于当世与后来之社会。故孔子死矣，而世界儒教徒之精神，皆其精神也；释迦死矣，而世界佛教徒之精神，皆其精神也。于中国言孔子，则孔子死；于日本言孔子，则孔子生。于印度言释迦，则释迦死；于日本言释迦，则释迦生。死者其体魄，而生者其精神故耳。由此推之，今世界之言共和者，无一而非华盛顿；言武功者，无一而非拿破仑；言天赋人权者，无一而非卢梭；言人群进化者，无一而非达尔文。盖自世有孔子、释迦、华盛顿、拿破仑、卢梭、达尔文矣，而遂以成今日灿烂瑰奇之世界。其余圣贤豪杰之士，皆无不如此者。共道何由？则惟有借来人之体魄，以载去我之精神而已。去我之体魄有尽，而来人之体魄无尽，斯去我之精神与来人之精神，相贯相袭相发明相推衍，而亦长此无尽，非至地球末日人类绝种，则精神无死去之一日。盛矣哉！人之精神之果可以不死也。"（杨氏序拙著《中国之武士道》）斯言谅矣。顾以吾所综合诸尊诸哲之说，则微特圣贤不死，豪杰不死，即至愚极不肖之人亦不死。语其可死者，则俱死也；语其不可死者，则俱不死也。但同为不死，而一则以善业之不死者遗传诸方来，而使大我食其幸福；一则以恶业之不死者遗传诸方来，而使大我受其苦痛。夫人亦孰乐使方来之大我受苦痛？然明知之而故蹈之者，必其于比数计量之法，有所未莹，以为是可以谋现在小我之快乐，毋宁舍其远而取其近也。吾今且与之言小我，言现在。彼所谓快乐者，岂不曰鲜衣耳，美食耳，宫室妻妾之奉耳，游宴欢娱之聚耳，今即此数者，以中国人所享之程度与欧美人所享之程度比较，不待智者而群知其不如也。推其所以不如之由，则亦彼国强而我弱，彼国富而我贫耳。而况乎民穷财尽之今日，将来茹荼嚼蘗之苦，且迫眉睫也。故处贫弱国而欲谋个人之快乐，其终无望矣，是谓小我之乐，必与大我之乐相缘。此一说也。小说家言，昔有富翁，日夕持筹，夜分不得息。其邻有制豆腐者，鸡鸣而起，磨声隆隆焉，翁甫交睫，辄聒之不能成寐，翁乃遣人贷以百金，使改他业。邻喜受之，则复持筹汲汲，思所以处分此百金者，竟三夕夜分不能成寐如翁也。乃急返其金曰："吾得金之乐，与不寐之苦，不能相消，请辞。"若是乎，真苦真乐，必不在唯物的，而在唯心的，至易明也。虽复纵耳目口体之欲，而其精神界有无量压制，无量束缚，无量忧疑，无量惭愧，无量恐怖，是安足云乐也？是谓有形之乐与无形之乐相除，此又一说也。夫即持现在小我之主义者，其所以自择不可不审也。既若此，而况乎现在小我者，实彼也，而非我也，我不惜牺牲我以为彼之奴隶，天下之不智，孰过此也。

然则吾人于生死之间，所以自处者其可知矣。亡友康幼博（广仁）尝语余："吾辈不得不一死，又不得再死，死之途万也，若造物主令我自择者，吾将何从？吾且勿论公益，先计私利。则为国民而战死于枪林弹雨者，最上也。何也？突然而死，毫不感其苦痛也。为国事而罹刑以流血者，次也。何也？如电之刀一挥，苦痛者仅刹那顷。展转床蓐，呻病以死，下也。若乃如劳瘵之病，去死期数年，医者已宣告其死刑，而弥留之际，犹能絮絮处分家人妇子事者，最下也。何也？知必死而不能避，求速死而不能得，苦痛无极也。"此虽似滑稽之言乎，而真理寓焉矣。今吾请骤括前言而缫演之曰：我之躯壳，共知必死，且岁月日时，刹那刹那。夫既已死，而我乃从而宝贵之，罄吾心力以为彼谋，愚之愚也。譬之罄吾财产之总额以庄严轮奂一宿之逆旅，愚之愚也。我所庄严者，当在吾本家。逆旅者何？躯壳是已。本家者何？精神是已。吾精神何在？其一在么匿体，将来经无量劫缘以为轮回，乃至人无余涅槃，皆此物焉，苟有可以为彼之利益者，虽糜其躯壳，不敢辞也。其一在拓都体，此群焉，此国焉，此世界焉，我遗传性所长与以为缘而靡尽者也，苟有可以为彼之利益者，虽糜其躯壳，不

大家
讲演

134

敢辞也。夫使在精神与躯壳可以两全之时也，则无取夫戕之，固也。而所以养之者，其轻重大小，既当严辨焉。若夫不能两全之时，则宁死其可死者，而毋死其不可死者。死其不可死者，名曰心死。君子曰：哀莫大于心死。

原载《新民丛报》一九〇四年五十九号、一九〇五年六十号

人生观与科学

——对于张、丁论战的批评（其一）

一

张君劢在清华学校演说一篇《人生观》，惹起丁在君做了一篇《玄学与科学》和他宣战。我们最亲爱的两位老友，忽然在学界上变成对垒的两造，我不免也见猎心喜，要把我自己意见写点出来助兴了。

当未写以前，要先声叙几句话：

第一，我不是加在那一造去"参战"，也不是想斡旋两造作"调人"，尤其不配充当"国际法庭的公断人"。我不过是一个观战的新闻记者，把所视察得来的战况，随手批评一下便了。读者还须知道，我是对于科学、玄学都没有深造研究的人，我所批评的一点不敢自以为是。我两位老友以及其他参战人、观战人，把我的批评给我一个心折的反驳，我是最欢迎的。

第二，这回战争范围，已经蔓延得很大了，几乎令观战人应接不暇。

我为便利起见，打算分项批评。做完这篇之后，打算还跟着做几篇：（一）科学的智识论，与所谓"玄学鬼"；（二）科学教育与超科学教育；（三）论战者之态度等等。但到底作几篇，要看我趣味何如，万一兴尽，也许不作了。

第三，听说有几位朋友都要参战，本来想等读完了各人大文之后再下总批评。但头一件，因技痒起来，等不得了。第二件，再多看几篇，也许"崔颢题诗"，叫我搁笔，不如随意见到那里，说到那里。所以，这一篇纯是对于张、丁两君头一次交绥的文章下批评，他们二次彼此答辩的话，只好留待下次。其余陆续参战的文章，我很盼早些出现。或者我也有继续批评的光荣，或者我要说的话被人说去，或者我未写出来的意见，已经被人驳倒，那末，我只好不说了。

二

凡辩论，先要把辩论对象的内容确定，先公认甲是什么，乙是什么，才能说到甲和乙的关系何如，否则一定闹到"驴头不对马嘴"，当局的辩论没有结果，旁观的越发迷惑。我很可惜君劢这篇文章，不过在学校里随便讲演，未曾把"人生观"和"科学"给他一个定义，在君也不过拾起来就驳。究竟他们两位所谓"人生观"、所谓"科学"，是否同属一件东西，不惟我们观战人摸不清楚，只怕两边主将也未必能心心相印哩！我为替读者减除这种迷雾起见，拟先规定这两个名词的内容如下：

（一）人类从心界、物界两方面调和结合而成的生活，叫做"人生"。我们选一种理想来完成这种生活，叫做"人生观"。（物界包含自己的肉体及己身以外的人类，乃至己身所属之社会等等。）（二）根据经验的事实分析综合，求出一个近真的公例，以推论同类事物，这种学问叫做"科学"。（应用科学改变出来的物质，或建设出来的机关等等，只能谓之"科学的结果"，不能与"科学"本身并为一谈。）

我解释这两个名词的内容，不敢说一定对，假定拿以上所说做个标准，我的答案便如下：

"人生问题，有大部分是可以——而且必要用科学方法来解决的，却有一小部分——或者还是最重要的部分，是超科学的。"

因此，我对于君劢、在君的主张，觉得他们各有偏宕之处。今且先驳君劢。

君劢既未尝高谈无生，那么，无论尊重心界生活到若何程度，终不能说生活之为物能够脱离物界而单独存在。既涉到物界，自然为环境上——时间、空间——种种法则所支配，断不能如君劢说的那么单纯，专凭所谓"直觉"的"自由意志"的来片面决定。君劢列举"我对非我"之九项，他以为不能用科学方法解答者，依我看来，什有八九倒是要用科学方法解答。他说："忽君主，忽民主，忽自由贸易，忽保护贸易等等，试问论理学公例，何者能证其合不合乎？"其意以为，这类问题既不能骤然下一个笼统普遍的断案，便算屏逐在科学范围以外。殊不知科学所推寻之公例乃是：（一）在某种条件之下，会发生某种现象。（二）欲变更某种现象，当用某种条件；笼统普遍的断案，无论其不能，即能，亦断非科学之所许。若仿照君劢的论调，也可以说："忽衣裘，忽衣葛，忽附子、玉桂，忽大黄、芒硝……试问论理学公例，何者能证其合不合乎？"然则连衣服、饮食都无一定公例可以支配了，天下有这种理吗？殊不知科学之职务，不在绝对的、普遍的证明衣裘、衣葛之孰为合孰为不合，他却能证明某种体气的人，在某种温度之下，非衣裘或衣葛不可。君劢所列举种种问题，正复如此。若离却事实的基础，劈地凭空说君主绝对好，民主绝对好，自由贸易绝对好，保护贸易绝对好……当然是不可能。却是在某种社会结

◎ 1919年，中国欧洲考察团在巴黎的合影
（前排左三为梁启超，左四为张君劢）

合之下，宜于君主；在某种社会结合之下，宜于民主；在某种经济状态之下，宜自由贸易；在某种经济状态之下，宜保护贸易。……那么，论理上的说明自然是可能，而且要绝对的尊重。君劢于意云何？难道能并此而不承认吗？总之，凡属于物界生活之诸条件，都是有对待的。有对待的自然一部或全部应为"物的法则"之所支配。我们对于这一类生活，总应该根据"当时此地"之事实，用极严密的科学方法，求出一种"比较合理"的生活，这是可能而且必要的。

就这点论，在君说："人生观不能和科学分家。"我认为含有一部分真理。

君劢尊直觉，尊自由意志，我原是赞成的，可惜他应用的范围太广泛，而且有错误。他说："……常有所观察也，主张也，希望也，要求也，是之谓人生观。甲时之所以为善者，至乙时则又以为不善而求所以革之，乙时之所以为善者，至丙时又以为不善而求所以革之……"君劢所用"直觉"这个字，到底是怎样的内容，我还没有十分清楚。照字面看来，总应该是超器官的一种作用。若我猜得不错，那么，他说的"有所观察，而甲、乙、丙时，或以为善，或以为不善"，便纯然不是直觉的范围。为什么"甲时以为善，乙时以为不善"，因为"常有所观察"。因观察而以为不善，跟着生出主张希望要求。不观察便罢，观察离得了科学程序吗？"以为善不善"，正是理智产生之结果，一涉理智，当然不能逃科学的支配。若说到自由意志吗，他的适用，当然该有限制。我承认，人类所以贵于万物者，在有自由意志；又承认，人类社会所以日进，全靠他们的自由意志。但自由意志之所以可贵，全在其能选择，于善不善之间而自己作主以决从违。所以，自由意志是要与理智相辅的。若像君劢全抹杀客观以谈自由意志，这种盲目的自由，恐怕没有什么价值了。（君劢清华讲演所列举人生观五项特征，第一项说人生观为主观的，以与客观的科学对立，这话毛病很大。

我以为，人生观最少也要主观和客观结合才能成立。）

然则，我全部赞成在君的主张吗？又不然。在君过信科学万能，正和君劢之轻蔑科学同一错误。在君那篇文章，很像专制宗教家口吻，殊非科学者态度，这是我替在君可惜的地方，但亦无须一一指摘了。在君说："我们有求人生观统一的义务。"又说："用科学方法求出是非真伪，将来也许可以把人生观统一。"（他把医学的进步来做比喻。）我说，人生观的统一，非惟不可能，而且不必要；非惟不必要，而且有害。要把人生观统一，结果岂不是"别黑白而定一尊"，不许异己者跳梁反侧？除非中世纪的基督教徒才有这种谬见，似乎不应该出于科学家之口。至于用科学来统一人生观，我更不相信有这回事。别的且不说，在君说："世界上的玄学家一天没有死完，自然一天人生观不能统一。"我倒要问，万能的科学，有没有方法令世界上的玄学家死完？如其不能，即此已可见科学功能是该有限制了。闲话少叙，请归正文。

人类生活，固然离不了理智，但不能说理智包括尽人类生活的全内容。此外，还有极重要一部分——或者可以说是生活的原动力，就是"情感"。情感表出来的方向很多，内中最少有两件的的确确带有神秘性的，就是"爱"和"美"。"科学帝国"的版图和威权，无论扩大到什么程度，这位"爱先生"和那位"美先生"，依然永远保持他们那种"上不臣天子，下不友诸侯"的身分。请你科学家把"美"来分析研究罢，什么线，什么光，什么韵，什么调……任凭你说得如何文理密察，可有一点儿搔着痒处吗？至于"爱"，那更"玄之又玄"了。假令有两位青年男女，相约为"科学的恋爱"，岂不令人喷饭！又何止两性之爱呢？父子、朋友……间至性，其中不可思议者何限？孝子割股疗亲，稍有常识的，也该知道是无益，但他情急起来，完全计较不到这些。程婴、杵臼，代人抚孤，抚成了还要死。田横岛上五百人，死的半个也不剩。这等举动，若用理智解剖起来，都是很不合理的，却不能不说是极优美的人生观之一种。推而上之，孔席不暖，墨突不黔，释迦割臂饲鹰，基督钉十字架替人赎罪，他们对于一切众生之爱，正与恋人之对于所欢同一性质。我们想用什么经验，什么轨范，去测算他的所以然之故，真是痴人说梦。又如，随便一个人对于所信仰的宗教，对于所崇拜的人或主义，那种狂热情绪，旁观人看来，多半是不可解，而且不可以理喻的，然而一部人类活历史，却什有九从这种神秘中创造出来。从这方面说，却用得着君劢所谓主观，所谓直觉，所谓综合而不可分析等等话头。想用科学方法支配他，无论不可能，即能，也把人生弄成死的，没有价值了。

我把我极粗浅、极凡庸的意见总括起来，就是：

"人生关涉理智方面的事项，绝对要用科学方法来解决；关涉情感方面的事项，绝对的超科学。"

我以为君劢和在君所说，都能各明一义，可惜排斥别方面太过，都弄出语病来。我还信他们不过是"语病"，他们本来的见解，也许和我没有什么大分别哩。

以上批评"人生观与科学"的话，暂此为止。改天还想讨论别的问题。

十二年五月二十三日，在翠微山秘魔岩作

原载一九二三年五月二十九日《晨报副镌》

大家
讲义

科学精神与东西文化

一

今日我感觉莫大的光荣，得有机会在一个关系中国前途最大的学问团体——科学社的年会来讲演。但我又非常惭愧而且惶恐，像我这样对于科学完全门外汉的人，怎样配在此讲演呢？这个讲题——"科学精神与东西文化"，是本社董事部指定要我讲的。我记得科举时代的笑话：有些不通秀才去应考，罚他先饮三斗墨汁，预备倒吊着滴些墨点出来。我今天这本考卷，只算倒吊着滴墨汁，明知一定见笑大方，但是句句话都是表示我们门外汉对于门内的"宗庙之美，百官之富"如何欣羡、如何崇敬、如何爱恋的一片诚意。我希望国内不懂科学的人或是素来看轻科学、讨厌科学的人，听我这番话得多少觉悟，那么，便算我个人对于本社一点贡献了。

近百年来科学的收获如此其丰富：我们不是鸟，也可以腾空；不是鱼，也可以入水；不是神仙，也可以和几百千里外的人答话……诸如此类，那一件不是受科学之赐？任凭怎么顽固的人，谅来"科学无用"这句话，再不会出诸口了。然而中国为什么直到今日还得不着科学的好处？直到今日依然成为"非科学的国民"呢？我想，中国人对于科学的态度，有根本不对的两点：

其一，把科学看得太低了，太粗了。我们几千年来的信条，都说的"形而上者谓之道，形而下者谓之器"，"德成而上，艺成而下"这一类话。多数人以为：科学无论如何高深，总不过属于艺和器那部分，这部分原是学问的粗迹，懂得不算稀奇，不懂得不算耻辱。又以为：我们科学虽不如人，却还有比科学更宝贵的学问——什么超凡入圣的大本领，什么治国平天下的大经纶，件件都足以自豪，对于这些粗浅的科学，顶多拿来当一种补助学问就够了。因为这种故见横亘在胸中，所以从郭筠仙、张香涛这班提倡新学的先辈起，都有两句自鸣得意的话，说什么"中学为体，西学为用"。这两句话现在虽然没有从前那么时髦了，但因为话里的精神和中国人脾胃最相投合，所以话的效力，直到今日，依然为变相的存在。老先生们不用说了，就算这几年所谓新思潮、所谓新文化运动，不是大家都认为蓬蓬勃勃有生气吗？试检查一检查他的内容，大抵最流行的莫过于讲政治上、经济上这样主义那样主义，我替他起个名字，叫做西装的治国平天下大经纶；次流行的莫过于讲哲学上、文学上这种精神那种精神，我也替他起个名字，叫做西装的超凡入圣大本领。至于那些脚踏实地平淡无奇的科学，试问有几个人肯去讲求？学校中能够有几处像样子的科学讲座？有了，几个人肯去听？出版界能够有几部有价值的科学书，几篇有价值的科学论文？有了，几个人肯去读？我固然不敢说现在青年绝对的没有科学兴味，然而兴味总不如别方面浓。须知，这是积多少年社会心理遗传下来，对于科学认为"艺成而下"的观念，牢不可破，直到今日，还是最爱说空话的人最受社会欢迎。做科学的既已不能如别种学问之可以速成，而又不为社会所尊重，谁肯埋头去学他呢？

其二，把科学看得太呆了，太窄了。那些绝对的鄙厌科学的人且不必责备，就是相对的尊重科学的人，还是十个有九个不了解科学性质。他们只知道科学研究所产结果的价值，而不知道科学本身的价值；他们只有数学、几何学、物理学、化学等等概念，而没有科学的概念。他们以为学化学便懂化学，学几何便懂几何；殊不知并非化学能教人懂化学，几何能教人懂几何，实在是科学能教人懂化学和几何。他们以为只有化学、数学、物理、几何等等才算科学，以为只有学化学、数学、物理、几何等等才用得着科学；殊不知所有政治学、经济学、社会学等等，只要够得上一门学问的，没有不是科学。我们若不拿科学精神去研究，便做那一门子学问也做不成。中国人因为始终没有懂得"科学"这个字的意义，所以五十年前很有人奖励学制船、学制炮，却没有人奖励科学；近十几年学校里都教的数学、几何、化学、物理，但总不见教会人做科学。或者说：只有理科、工科的人们才要科学，我不打算当工程师，不打算当理化教习，何必要科学？中国人对于科学的看法大率如此。

我大胆说一句话：中国人对于科学这两种态度倘若长此不变，中国人在世界上便永远没有学问的独立，中国人不久必要成为现代被淘汰的国民。

二

科学精神是什么？我姑从最广义解释："有系统之真智识，叫做科学，可以教人求得有系统之真智识的方法，叫做科学精神。"这句话要分三层说明：

第一层，求真智识。智识是一般人都有的，乃至连动物都有。科学所要给我们的，就争一个"真"字。一般人对于自己所认识的事物，很容易

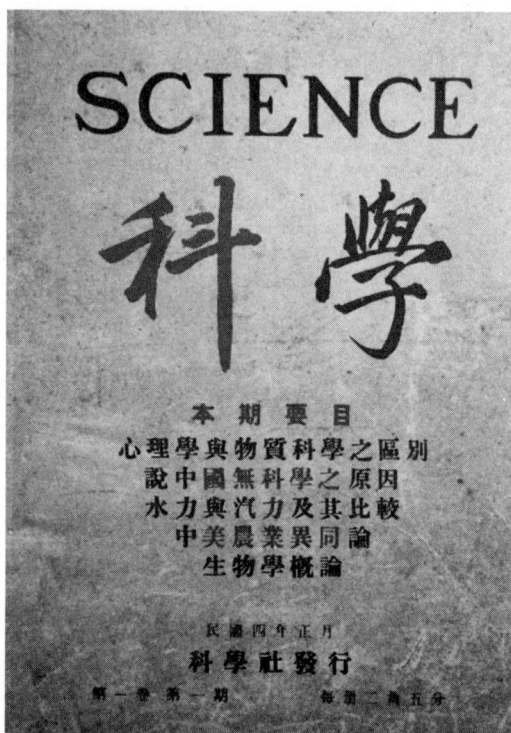

SCIENCE

科學

本期要目

心理學與物質科學之區別
說中國無科學之原因
水力與汽力及其比較
中美農業異同論
生物學概論

民國四年正月

科學社發行

第一卷 第一期　　每期二角五分

便信以为真；但只要用科学精神研究下来，越研究便越觉求真之难。譬如说"孔子是人"，这句话不消研究，总可以说是真，因为人和非人的分别是很容易看见的。譬如说"老虎是恶兽"，这句话真不真便待考了。欲证明他是真，必要研究兽类具备某种某种性质才算恶，看老虎果曾具备了没有？若说老虎杀人算是恶，为什么人杀老虎不算恶？若说杀同类算是恶，只听见有人杀人，从没听见老虎杀老虎，然则人容或可以叫做恶兽，老虎却绝对不能叫做恶兽了。譬如说"性是善"，或说"性是不善"，这两句话真不真，越发待考了。到底什么叫做"性"？什么叫做"善"？两方面都先要弄明白。倘如孟子说的性咧、情咧、才咧，宋儒说的义理咧、气质咧，闹成一团糟，那便没有标准可以求真了。譬如说"中国现在是共和政治"，这句话便很待考。欲知他真不真，先要把共和政治的内容弄清楚，看中国和他合不合。譬如说"法国是共和政治"，这句话也待考。欲知他真不真，先要问"法国"这个字所包范围如何，若安南也算法国，这句话当然不真了。看这几个例，便可以知道，我们想对于一件事物的性质得有真知灼见，很是不容易。要钻在这件事物里头去研究，要绕着这件事物周围去研究，要跳在这件事物高头去研究，种种分析研究结果，才把这件事物的属性大略研究出来，算是从许多相类似容易混淆的个体中，发现每个个体的特征。换一个方向，把许多同有这种特征的事物，归成一类，许多类归成一部，许多部归成一组，如是综合研究的结果，算是从许多各自分离的个体中，发现出他们相互间的普遍性。经过这种种工夫，才许你开口说"某件事物的性质是怎么样"。这便是科学第一件主要精神。

第二层，求有系统的真智识。智识不但是求知道一件一件事物便了，还要知道这件事物和那件事物的关系，否则零头断片的智识全没有用处。知道事物和事物相互关系，而因此推彼，得从所已知求出所未知，叫做有系统的智识。系统有二：一竖，二横。横的系统，即指事物的普遍性——如前段所说。竖的系统，指事物的因果律——有这件事物，自然会有那件事物；必须有这件事物，才能有那件事物；倘若这件事物有如何如何的变化，那件事物便会有或才能有如何如何的变化；这叫做因果律。明白因果，是增加新智识的不二法门，因为我们靠他，才能因所已知，推见所未知；明白因果，是由智识进到行为的向导，因为我们预料结果如何，可以选择一个目的做去。虽然，因果是不轻容易谭的：第一，要找得出证据；第二，要说得出理由。因果律虽然不能说都要含有"必然性"，但总是愈逼近"必然性"愈好，最少也要含有很强的"盖然性"，倘若仅属于"偶然性"的便不算因果律。譬如说："晚上落下去的太阳，明早上一定再会出来。"说："倘若把水煮过了沸度，他一定会变成蒸汽。"这等算是含有必然性，因为我们积千千万万回的经验，却没有一回例外；而且为什么如此，可以很明白说出理由来。譬如说："冬间落去的树叶，明年春天还会长出来。"这句话便待考。因为再长出来的并不是这块叶，而且这树也许碰着别的变故再也长不出叶来。譬如说："西边有虹霓，东边一定有雨。"这句话越发待考。因为虹霓不是雨的原因，他是和雨同一个原因，或者还是雨的结果。翻过来说："东边有雨，西边一定有虹霓。"这句话也待考。因为雨虽然可以为虹霓的原因，却还须有别的原因凑拢在一处，虹霓才会出来。譬如说："不孝的人要着雷打。"这句话便大大待考。因为虽然我们也曾听见某个不孝人着雷，但不过是偶然的一回，许多不孝的人不见得都着雷，许多着雷的东西不见得都不孝；而且宇宙间有个雷公会专打不孝人，这些理由完全说不出来。譬如说："人死会变鬼。"这句话越发大大待考。因为从来得不着绝对的证据，而且绝对的说不出理由。譬如说："治极必乱，乱极必治。"这句话便很要待考。因为我们从中国历史上虽然举出许多前例，但说治极是乱的原因，乱极是治的原因，无论如何，总说不下去。譬如说："中国行了联省自治制后，一定会太平。"这话也待

148

考。因为联省自治虽然有致太平的可能性，无奈我们未曾试过。看这些例，便可知我们想应用因果律求得有系统的智识，实在不容易。总要积无数的经验——或照原样子继续忠实观察，或用人为的加减改变试验，务找出真凭实据，才能确定此事物与彼事物之关系。这还是第一步。再进一步，凡一事物之成毁，断不止一个原因，知道甲和乙的关系还不够，又要知道甲和丙、丁、戊等等关系。原因之中又有原因，想真知道乙和甲的关系，便须先知道乙和庚、庚和辛、辛和壬等等关系。不经过这些工夫，贸贸然下一个断案，说某事物和某事物有何等关系，便是武断，便是非科学的。科学家以许多有证据的事实为基础，逐层逐层看出他们的因果关系，发明种种含有必然性或含有极强盖然性的原则，好像拿许多结实麻绳组织成一张网，这网愈织愈大，渐渐的函盖到这一组知识的全部，便成了一门科学。这是科学第二件主要精神。

第三层，可以教人的智识。凡学问有一个要件，要能"传与其人"。人类文化所以能成立，全由于一人的智识能传给多数人，一代的智识能传给次代。我费了很大的工夫得一种新知识，把他传给别人，别人费比较小的工夫承受我的智识之全部或一部，同时腾出别的工夫又去发明新智识。如此教学相长，递相传授，文化内容，自然一日一日的扩大。倘若智识不可以教人，无论这项知识怎样的精深博大，也等于"人亡政息"，于社会文化绝无影响。中国凡百学问，都带一种"可以意会，不可以言传"的神秘性，最足为智识扩大之障碍。例如医学，我不敢说中国几千年没有发明，而且我还信得过确有名医。但总没有法传给别人，所以今日的医学，和扁鹊、仓公时代一样，或者还不如。又如修习禅观的人，所得境界，或者真是圆满庄严。但只好他一个人独享，对于全社会文化竟不发生丝毫关系。中国所有学问的性质，大抵都是如此。这也难怪。中国学问，本来是由几位天才绝特的人"妙手偶得"——本来不是按步就班的循着一条路去得着，何从把一条应循之路指给别人？科学家恰恰相反，他们一点点智识，都是由艰苦经验得来；他们说一句话总要举出证据，自然要将证据之如何搜集、如何审定一概告诉人；他们主张一件事总要说明理由，理由非能够还原不可，自然要把自己思想经过的路线，顺次详叙。所以别人读他一部书或听他一回讲义，不惟能够承受他研究所得之结果，而且一并承受他如何能研究得此结果之方法，而且可以用他的方法来批评他的错误。方法普及于社会，人人都可以研究，自然人人都会有发明。这是科学第三件主要精神。

三

中国学术界，因为缺乏这三种精神，所以生出如下之病证：

一、笼统。标题笼统——有时令人看不出他研究的对象为何物。用语笼统——往往一句话容得几方面解释。思想笼统——最爱说大而无当不着边际的道理，自己主张的是什么，和别人不同之处在那里，连自己也说不出。

二、武断。立说的人，既不必负找寻证据、说明理由的责任，判断下得容易，自然流于轻率。许多名家著述，不独违反真理而且违反常识的，往往而有。既已没有讨论学问的公认标准，虽然判断谬误，也没有人能驳他，谬误便日日侵蚀社会人心。

三、虚伪。武断还是无心的过失。既已容许武断，便也容许虚伪。虚伪有二：（一）语句上之虚伪。如隐匿真证、杜撰假证或曲说理由等等。（二）思想内容之虚伪。本无心得，貌为深秘，欺骗世人。

四、因袭。把批评精神完全消失，而且没有批评能力，所以一味盲从古人，剽窃些绪余过活。所以思想界不能有弹力性，随着时代所需求而开拓，倒反留着许多沈淀废质，在里头为营养之障碍。

五、散失。间有一两位思想伟大的人，对于某种学术有新发明，但是没有传授与人的方法，这种发明，便随着本人的生命而中断。所以他的学问，不能成为社会上遗产。

以上五件，虽然不敢说是我们思想界固有的病证，这病最少也自秦汉以来受了二千年。我们若甘心抛弃文化国民的头衔，那更何话可说？若还舍不得吗？试想，二千年思想界内容贫乏到如此，求学问的涂径榛塞到如此，长此下去，何以图存？想救这病，除了提倡科学精神外，没有第二剂良药了。

我最后还要补几句话：我虽然照董事部指定的这个题目讲演，其实科学精神之有无，只能用来横断新旧文化，不能用来纵断东西文化。若说欧美人是天生成科学的国民，中国人是天生成非科学的国民，我们可绝对的不能承认。拿我们战国时代和欧洲希腊时代比较，彼此都不能说是有现代这种崭新的科学精神，彼此却也没有反科学的精神。秦汉以后，反科学精神弥漫中国者二千年；罗马帝国以后，反科学精神弥漫于欧洲者也一千多年。两方比较，我们隋唐佛学时代，还有点"准科学的"精神不时发现，只有比他们强，没有比他们弱。我所举五种病证，当他们教会垄断学问时代，件件都有；直到文艺复兴以后，渐渐把思想界的健康恢复转来，所谓科学者，才种下根苗；讲到枝叶扶疏，华实烂漫，不过最近一百年内的事。一百年的先进后进，在历史上值得计较吗？只要我们不讳疾忌医，努力服这剂良药，只怕将来升天成佛，未知谁先谁后哩！我祝祷科学社能做到被国民信任的一位医生，我祝祷中国文化添入这有力的新成分，再放异彩！

一九二二年八月二十日在南通为科学社讲演

选自《梁任公学术讲演集》（商务印书馆一九二二年版）

如何造成一个学者

清华研究院之重要目的，在养成一般学者，但此事非短时期所能办，古今中外大学问家，四十岁以前多作预备工夫，其成就总在五六十岁或七十岁，文学家艺术家大部分依赖天才，可以早成；若用科学方法研究学问，必须经历相当时间，受过许多磨炼。希望在一两年内造成大学者，真是妄想。清华研究院固不敢希望在一两年短时期中有大学者出现，但却愿使诸君得到造成学者之基本修养：

造成学者之基本条件有二：

一、养成作学问之能力。

（甲）明敏：明敏者，眼光锐敏之意，古人所谓读书得问是也。苹果落地，牛顿怀疑而发现地心吸力；沸水冲动壶盖，瓦特惊异而发明蒸气机。于毫无问题之事物现象中能发现问题，此为研究学问第一要素。

（乙）密察。即《中庸》所谓文理密察，吾人对于问题，须从各方面观察，须精细观察。

（丙）别裁。对于杂乱繁多之材料，须能鉴别其为真或为伪，有用或无用，重要或次要。

（丁）通方。通方者，彻始彻终之谓。一问题并非孤立，必有与之相关之事件或问题，吾人对于本问题全部固须了解，即对于相关事件及问题，亦须有常识。本通旁通，方可免于偏陋拘墟。

上述四端为作学问必具之能力，我辈在研究院中，希望帮助诸君养成。

二、养成作学问之良好习惯。

（甲）忠实。但凡不忠实，必定一事无成。学问上之不忠实，无如盲从与剿说，自己不用思想，一味相信别人，听人指使，谓之盲从。自己并无心得，随便以古人所说，改头换面，冒称己有，谓之剿说。此直学问界之盗贼。二者皆作学问之大忌，犯者不仅学问不成，亦于人格有损。

（乙）深切。与深切相反者，为肤阔与模糊。肤阔是懂得一点皮毛，不着边际，无显明界限，犯笼统宽泛之病。模糊是不清楚，不切实，对于一切现象，如隔几层窗纱，视察不明了。从前科举时代，场屋对策，引用古圣先贤之语，连篇累牍，其实对于古人之言，并未尝真正了解其意义。然以此猎取功名者极多。现在学生对于各种科学之智识，类皆模糊影响，而在学校试验中，可操胜算。吾人须切实改正，不要强不知以为知，不要以半解为全解，不学则已，学必透澈。

（丙）敬慎。敬慎为作学问第一要件，不敬慎便流为武断。得一不可靠之孤证，遂加判断或有所主张，遂至真伪不明，是非颠倒。近人有喜专作翻案，出风头，末流至于尖酸刻薄，又有一种人专文过饰非，明知原先假定错误，但因自己曾费许多心血，不忍断然舍弃，于是支离牵强，曲为附会，是为护短。现今有名学者，多犯此病；尚有人立论根基不稳，稍受外界批评或影响，便立时改变主张，如是者屡，遂入迷途，是皆所谓不敬慎也。

（丁）不倦。《论语》云："居之无倦，行之以忠。"此诚作学问之良好习惯。不倦有二义，一曰耐烦. 搜集材料时，不厌烦琐，比较或组织材料时，不惜工夫，虽是极小问题，亦以全力赴之。达尔文研究生物，养饲鸽子至于数十年，每日观察数次，故能有绝大贡献。二曰持久，大学者多以六七十岁为成熟期，倘无老而不衰之精神，绝难有伟大不朽之事业。现时青年在大学毕业或留学回国以后，学问便算终了，以此与书绝缘，此实可悲现象，其研究所以不能持久，主要原因由于对学问无甚深兴趣。此种兴味之养成，须经过磨炼，苦尽甘来，遂与学问结不解缘矣。

上述养成能力，即是磨炼材智，养成习惯；即是陶行冶德。材智与德行，不但作学问者必具，即对于作事者亦非常重要。清华研究院一方面固欲造成多数著述家及教育家，而更深之意义，则欲为社会造出许多领袖人物。领袖人物有需于材智与德行之修养，更何待言，诸君在此，有如斯良好之环境与设备，望勿自弃，鄙人当随诸导师之后，与诸君共勉焉。

一九二五年九月十三日在清华研究院的讲演，谢明霄述意

原载一九二五年《国闻周报》第二卷第三十七期

大家
小书

学问之趣味

我是个主张趣味主义的人，倘若用化学化分"梁启超"这件东西，把里头所含一种原素名叫"趣味"的抽出来，只怕所剩下仅有个〇了。我以为，凡人必常常生活于趣味之中，生活才有价值。若哭丧着脸挨过几十年，那么，生命便成沙漠，要来何用？中国人见面最喜欢用的一句话："近来作何消遣？"这句话我听着便讨厌。话里的意思，好像生活得不耐烦了，几十年日子没有法子过，勉强找些事情来消他遣他。一个人若生活于这种状态之下，我劝他不如早日投海。我觉得天下万事万物都有趣味，我只嫌二十四点钟不能扩充到四十八点，不够我享用。我一年到头不肯歇息，问我忙什么？忙的是我的趣味。我以为这便是人生最合理的生活，我常常想动运别人也学我这样生活。

凡属趣味，我一概都承认他是好的，但怎么样才算"趣味"，不能不下一个注脚。我说："凡一件事做下去不会生出和趣味相反的结果的，这件事便可以为趣味的主体。"赌钱趣味吗？输了怎么样？吃酒趣味吗？病了怎么样？做官趣味吗？没有官做的时候怎么样？……诸如此类，虽然在短时间内像有趣味，结果会闹到俗语说的"没趣一齐来"，所以我们不能承认他是趣味。凡趣味的性质，总要以趣味始以趣味终。所以能为趣味之主体者，莫如下列的几项：一、劳作；二、游戏；三、艺术；四、学问。诸君听我这段话，切勿误会以为：我用道德观念来选择趣味。我不问德不德，只问趣不趣。我并不是因为赌钱不道德才排斥赌钱，因为赌钱的本质会闹到没趣，闹到没趣便破坏了我的趣味主义，所以排斥赌钱；我并不是因为学问是道德才提倡学问，因为学问的本质能够以趣味始以趣味终，最合于我的趣味主义条件，所以提倡学问。

学问的趣味，是怎么一回事呢？这句话我不能回答。凡趣味总要自己领略，自己未曾领略得到时，旁人没有法子告诉你。佛典说的："如人饮水，冷暖自知。"你问我这水怎样的冷，我便把所有形容词说尽，也形容不出给你听，除非你亲自嗑一口。我这题目——学问之趣味，并不是要说学问如何如何的有趣味，只要如何如何便会尝得着学问的趣味。

诸君要尝学问的趣味吗？据我所经过的有下列几条路应走：

第一，"无所为"（为读去声）。趣味主义最重要的条件是"无所为而为"。凡有所为的事，都是以别一件事为目的而以这件事为手段；为达目的起见勉强用手段，目的达到时，手段便抛却。例如学生为毕业证书而做学问，著作家为版权而做学问，这种做法，便是以学问为手段，便是有所为。有所为虽然有时也可以为引起趣味的一种方便，但到趣味真发生时，必定要和"所为者"脱离关系。你问我"为什么做学问？"我便答道："不为什么。"再问，我便答道："为学问而学问。"或者答道："为我的趣味。"诸君切勿以为我这些话掉弄虚机，人类合理的生活本来如此。小孩子为什么游戏？为游戏而游戏；人为什么生活？为生活而生活。为游戏而游戏，游戏便有趣；为体操分数而游戏，游戏便无趣。

第二，不息。"鸦片烟怎样会上瘾？""天天吃。""上瘾"这两个字，和"天天"这两个字是离不开的。凡人类的本能，只要那部分搁久了不

（左）◎ 梁启超著《饮冰室合集》
（右）◎ 梁启超著《中国历史研究法》

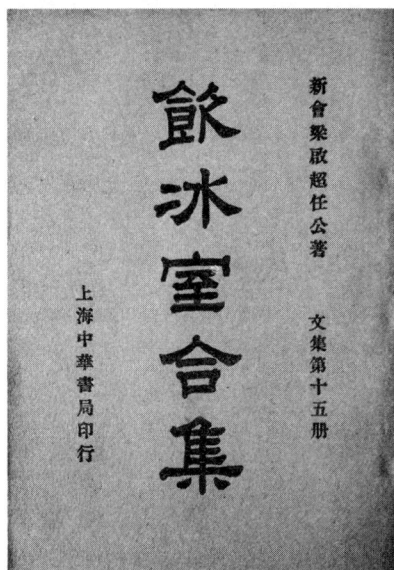

新會梁啟超任公著　文集第十五册

飲冰室合集

上海中華書局印行

國學小叢書

中國歷史研究法

梁啓超著

用，他便会麻木会生锈。十年不跑路，两条腿一定会废了；每天跑一点钟，跑上几个月，一天不得跑时，腿便发痒。人类为理性的动物，"学问欲"原是固有本能之一种；只怕你出了学校便和学问告辞，把所有经管学问的器官一齐打落冷宫，把学问的胃弄坏了，便山珍海味摆在面前，也不愿意动筷子。诸君啊！诸君倘若现在从事教育事业或将来想从事教育事业，自然没有问题，很多机会来培养你学问胃口。若是做别的职业呢？我劝你每日除本业正当劳作之外，最少总要腾出一点钟，研究你所嗜好的学问。一点钟那里不消耗了？千万别要错过，闹成"学问胃弱"的证候，白白自己剥夺了一种人类应享之特权啊！

第三，深入的研究。趣味总是慢慢的来，越引越多，像倒吃甘蔗，越往下才越得好处。假如你虽然每天定有一点钟做学问，但不过拿来消遣消遣，不带有研究精神，趣味便引不起来。或者今天研究这样明天研究那样，趣味还是引不起来。趣味总是藏在深处，你想得着，便要入去。这个门穿一穿，那个窗户张一张，再不会看见"宗庙之美，百官之富"，如何能有趣味？我方才说："研究你所嗜好的学问。"嗜好两个字很要紧。一个人受过相当的教育之后，无论如何，总有一两门学问和自己脾胃相合，而已经懂得大概可以作加工研究之预备的。请你就选定一门作为终身正业（指从事学者生活的人说），或作为本业劳作以外的副业（指从事其他职业的人说）。不怕范围窄，越窄越便于聚精神；不怕问题难，越难越便于鼓勇气。你只要肯一层一层的往里面追，我保你一定被他引到"欲罢不能"的地步。

第四，找朋友。趣味比方电，越磨擦越出。前两段所说，是靠我本身和学问本身相磨擦，但仍恐怕我本身有时会停摆，发电力便弱了，所以常常要仰赖别人帮助。一个人总要有几位共事的朋友，同时还要有几位共学的朋友。共事的朋友，用来扶持我的职业；共学的朋友和共顽的朋友同

大家

一性质，都是用来磨擦我的趣味。这类朋友，能够和我同嗜好一种学问的自然最好，我便和他打伙研究。即或不然——他有他的嗜好，我有我的嗜好，只要彼此都有研究精神，我和他常常在一块或常常通信，便不知不觉把彼此趣味都磨擦出来了。得着一两位这种朋友，便算人生大幸福之一。我想只要你肯找，断不会找不出来。

我说的这四件事，虽然像是老生常谈，但恐怕大多数人都不曾会这样做。唉！世上人多么可怜啊！有这种不假外求不会蚀本不会出毛病的趣味境界，竟自没有几个人肯来享受！古书说的故事"野人献曝"；我是尝冬天晒太阳的滋味尝得舒服透了，不忍一人独享，特地恭恭敬敬的来告诉诸君。诸君或者会欣然采纳吧？但我还有一句话：太阳虽好，总要诸君亲自去晒，旁人却替你晒不来。

本文为一九二二年八月六日在东南大学的演讲

原载一九二二年八月十三日《晨报副镌》

美术与生活

诸君！我是不懂美术的人，本来不配在此讲演。但我虽然不懂美术，却十分感觉美术之必要。好在今日在座诸君，和我同一样的门外汉谅也不少。我并不是和懂美术的人讲美术，我是专要和不懂美术的人讲美术。因为人类固然不能个个都做供给美术的"美术家"，然而不可不个个都做享用美术的"美术人"。

"美术人"这三个字是我杜撰的，谅来诸君听着很不顺耳。但我确信"美"是人类生活的要素——或是还是各种要素中之最要者，倘若在生活全内容中把"美"的成分抽出，恐怕便活得不自在甚至活不成。中国向来非不讲美术——而且还有很好的美术，但据多数人的见解，总以为美术是一种奢侈品，从不肯和布帛菽粟一样看待，认为生活必需品之一。我觉得中国人生活之不能向上，大半由此。所以今日要标"美术与生活"这题，特和诸君商榷一回。

问人类生活于什么？我便一点不迟疑答道："生活于趣味。"这句话虽然不敢说把生活全内容包举无遗，最少也算把生活根芽道出。人若活得无趣，恐怕不活着还好些，而且勉强也活不下去。人怎样会活得无趣呢？第一种，我叫他做石缝的生活，挤得紧紧的没有丝毫开拓余地，又好像披枷带锁，永远走不出监牢一步。第二种，我叫他做沙漠的生活，干透了没有一毫润泽，板死了没有一毫变化；又好像蜡人一般没有一点血色，又像一株枯树，庾子山说的"此树婆娑，生意尽矣"。这种生活是否还能叫做生活，实属一个问题。所以我虽不敢说趣味便是生活，然而敢说没趣便不成生活。

趣味之必要既已如此，然则趣味之源泉在那里呢？依我看有三种：

第一，对境之赏会与复现。人类任操何种卑下职业，任处何种烦劳境界，要之总有机会和自然之美相接触——所谓水流花放，云卷月明，美景良辰，赏心乐事。只要你在一刹那间领略出来，可以把一天的疲劳忽然恢复，把多少的烦恼丢在九霄云外。倘若能把这些影像印在脑里头令他不时复现，每复现一回，亦可以发生与初次领略时同等或仅较差的效用。人类想在这种尘劳世界中得有趣味，这便是一条路。

第二，心态之抽出与印契。人类心理，凡遇着快乐的事，把快乐状态归拢一想，越想便越有味，或别人替我指点出来，我的快乐程度也增加。凡遇着苦痛的事，把苦痛倾筐倒箧吐露出来，或别人能够看出我苦痛替我说出，我的苦痛程度翻会减少。不惟如此，看出说出别人的快乐，也增加我的快乐；替别人看出说出苦痛，也减少我的苦痛。这种道理，因为各人的心都有个微妙的所在，只要搔着痒处，便把微妙之门打开了。那种愉快，真是得未曾有，所以俗话叫做"开心"。我们要求趣味，这又是一条路。

第三，他界之冥构与蓦进。对于现在环境不满，是人类普通心理，其所以能进化者亦在此。就令没有什么不满，然而在同一环境之下生活久了，自然也会生厌。不满即管不满，生厌即管生厌，然而脱离不掉他，这便是苦恼根原。然则怎么救济法呢？肉体上的生活，虽然被现实的环境捆

死了，精神上的生活，却常常对于环境宣告独立。或想到将来希望如何如何，或想到别个世界——例如文学家的桃源、哲学家的乌托邦、宗教学家的天堂净土如何如何，忽然间超越现实界闯入理想界去，便是那人的自由天地。我们欲求趣味，这又是一条路。

这三种趣味，无论何人都会发动的。但因各人感觉机关用得熟与不熟，以及外界帮助引起的机会有无多少，于是趣味享用之程度，生出无量差别。感觉器官敏则趣味增，感觉器官钝则趣味减；诱发机缘多则趣味强，诱发机缘少则趣味弱。专从事诱发以刺戟各人器官的不使钝的有三种利器：一是文学，二是音乐，三是美术。

今专从美术讲。美术中最主要的一派，是描写自然之美，常常把我们所曾经赏会或像是曾经赏会的都复现出来。我们过去赏会的影子印在脑中，因时间之经过渐渐淡下去，终必有不能复现之一日，趣味也跟着消灭了。一幅名画在此，看一回便复现一回，这画存在，我的趣味便永远存在。不惟如此，还有许多我们从前不注意赏会不出的，他都写出来指导我们赏会的路，我们多看几次，便懂得赏会方法，往后碰着种种美境，我们也增加许多赏会资料了。这是美术给我们趣味的第一件。

美术中有刻画心态的一派，把人的心理看穿了，喜怒哀乐，都活跳在纸上。本来是日常习见的事，但因他写的唯妙唯肖，便不知不觉间把我们的心弦拨动，我快乐时看他便增加快乐，我苦痛时看他便减少苦痛。这是美术给我们趣味的第二件。

美术中有不写实境实态而纯凭理想构造成的。有时我们想构一境，自觉模糊断续不能构成，被他都替我表现了。而且他所构的境界种种色色有许多为我们所万想不到。而且他所构的境界优美高尚，能把我们卑下平凡的境界压下去。他有魔力，能引我们跟着他走，闯进他所到之地。我们看他的作品时，便和他同住一个超越的自由天地。这是美术给我们趣味的第三件。

要而论之，审美本能，是我们人人都有的。但感觉器官不常用或不会用，久而久之麻木了。一个人麻木，那人便成了没趣的人；一民族麻木，那民族便成了没趣的民族。美术的功用，在把这种麻木状态恢复过来，令没趣变为有趣。换句话说，是把那渐渐坏掉了的爱美胃口，替他复原，令他能常常吸受趣味的营养，以维持增进自己的生活康健。明白这种道理，便知道美术这样东西在人类文化系统上该占何等位置了。

以上是专就一般人说。若就美术家自身说，他们的趣味生活，自然更与众不同了。他们的美感，比我们锐敏若干倍，正如《牡丹亭》说的"我常一生儿爱好是天然"。我们领略不着的趣味，他们都能领略。领略够了，终把些唾余分赠我们，分赠了我们，他们自己并没有一毫破费，正如老子说的"既以为人己愈有，既以与人己愈多"。假使"人生生活于趣味"这句话不错，他们的生活真是理想生活了。

今日的中国，一方面要多出些供给美术的美术家，一方面要普及养成享用美术的美术人。这两件事都是美术专门学校的责任。然而该怎样的督促赞助美术专门学校叫他完成这责任，又是教育界乃至一般市民的责任。我希望海内美术大家和我们不懂美术的门外汉各尽责任做去。

本文为一九二二年八月十三日在上海美术专门学校的演讲

原载一九二二年八月二十日《晨报副镌》

最苦与最乐

人生甚么事最苦呢？贫吗？不是。病吗？不是。失意吗？不是。老吗？死吗？都不是。我说人生最苦的事，莫苦于身上背着一种未来的责任。

人若能知足，虽贫不苦；若能安分（不多作分外希望），虽失意不苦；老病死乃人生难免的事，达观的人看得很平常，也不算甚么苦。独是凡人生在世间一天，便有一天应该做的事。该做的事没有做完，便像是有几千斤重担子压在肩头，再苦是没有的了。为甚么呢？因为受那良心责备不过，要逃躲也没处逃躲呀！

答应人办一件事没有办，欠了人的钱没有还，受了人家的恩典没有报答，得罪错了人没有赔礼，这就连这个人的面也几乎不敢见他；纵然不见他面，睡里梦里，都像有他的影子来缠着我。为甚么呢？因为觉得对不住他呀！因为自己对于他的责任，还没有解除呀！不独是对于一个人如此，就是对于家庭、对于社会、对于国家，乃至对于自己，都是如此。凡属我受过他好处的人，我对于他便有了责任。（譬如父母有病，不能靠别人伺候，这是我应该做的事，求医觅药，是我力量能做得到的事。我若不做，便是不尽责任。医药救得转来救不转来，这却不是我的责任。）（家庭、社会、国家也可当作一个人，看我们都是曾经受过家庭、社会、国家的好处，而且现在还受着他的好处，所以对于他常常有责任。）凡属我应该做的事，而且力量能够做得到的，我对于这件事便有了责任。凡属我自己打主意做一件事，便是现在的自己和将来的自己立了一种契约，便是自己对于自己加一层责任。（譬如我已经定了主意，要戒烟，从此便负了有不吸烟的责任。我已经定了主意，要著一部书；从此便有著成这部书的责任。这种不是对于别人负责任，却是现在的自己对于过去的自己负责任。）有了这责任，那良心便时时刻刻监督在后头，一日应尽的责任没有尽到，夜里头便是过的苦痛日子；一生应尽的责任没有尽，便死也是带着苦痛往坟墓里去。这种苦痛却比不得普通的贫病老，可以达观排解得来。所以我说人生没有苦痛便罢，若有苦痛，当然没有比这个加重的了。

翻过来看，甚么事最快乐呢？自然责任完了，算是人生第一件乐事。古语说得好："如释重负"，俗语亦说是"心上一块石头落了地"。人到这个时候，那种轻松愉快，直不可以言语形容。责任越重大，负责的日子越久长，到责任完了时，海阔天空，心安理得，那快乐还要加几倍哩！大抵天下事从苦中得来的乐才算真乐。人生须知道有负责任的苦处，才能知道有尽责任的乐处。这种苦乐循环，便是这有活力的人间一种趣味。却是不尽责任，受良心责备，这些苦都是由自己找来。一翻过来，处处尽责任，便处处快乐；时时尽责任，便时时快乐。快乐之权，操之在己。孔子所以说"无入而不自得"，正是这种作用哩！

然则为甚么孟子又说"君子有终身之忧"呢？因为越是圣贤豪杰，他负的责任便越是重大；而且他常要把这种种责任来揽在身上，肩头的担子从没有放下的时节。曾子还说哩："任重而道远"，"死而后已，不亦远乎？"那仁人志士的忧民忧国，那诸圣诸佛的悲天悯人，虽说他是一辈子里苦痛，也都可以。但是他日日在那里尽责任，便日日在那里得苦中真乐，所以他到底还是乐,不是苦呀!

有人说:"既然这苦是从负责任生来,我若是将责任卸却,岂不是就永远没有苦了吗?"这却不然,责任是要解除了才没有,并不是卸了就没有。人生若能永远像两三岁小孩,本来没有责任,那就本来没有苦。到了长成,责任自然压在你头上,如何能躲?不过有大小的分别罢了。尽得大的责任,就得大的快乐;尽得小的责任,就得小的快乐。你若是要躲,倒是自投苦海,永远不能解脱了。

原载一九一八年十二月二十九日《大公报》

敬业与乐业

我这题目，是把《礼记》里头"敬业乐群"和《老子》里头"安其居，乐其业"那两句话断章取义造出来。我所说是否与《礼记》《老子》原意相合，不必深求，但我确信"敬业乐业"四个字，是人类生活不二法门。

本题主眼，自然是在"敬"字"乐"字，但必先有业才有可敬可乐的主体，理至易明。所以在讲演正文以前，先要说说有业之必要。

孔子说："饱食终日，无所用心，难矣哉！"又说："群居终日，言不及义，好行小慧，难矣哉！"孔子是一位教育大家，他心目中没有什么人不可教诲，独独对于这两种人便摇头叹气说道："难！难！"可见人生一切毛病都有药可医，惟有无业游民，虽大圣人碰着他，也没有办法。

唐朝有一位名僧百丈禅师，他常常用两句格言教训弟子，说道："一日不做事，一日不吃饭。"他每日除上堂说法之外，还要自己扫地、擦桌子、洗衣服，直到八十岁，日日如此。有一回，他的门生想替他服务，把他本日应做的工悄悄地都做了，这位言行相顾的老禅师，老实不客气，那一天便绝对的不肯吃饭。

我征引儒门佛门这两段话，不外证明人人都要有正当职业，人人都

◎《礼记》

古餘先生重刊宋撫州本禮記注家中有先人付本而余四十
年中所收此爲第四本矣援易書惟家本在廣州得者屬黃
紙模印其釋文乃重脩校視初本爲佳棪本所□三早照歸安
沈氏廷頃在通州遇持此者本亦有害於善本乎昔錢讐石先生記都陽胡氏刻
其不紙一覧亦有害於善本乎而不售浣於余因償取之或病
通鑑文選在江南棄印者紙勝至南昌即歸古槧室远亦自蘚
而□章殆相同此古餘所刻臨論余先後獲黃白紙印本各
鼓卷猶不足則景窝補之當藏目爲三合本富與按宋之百衲
比重巨可資書林一嘆百餘矣矣於聖經賢注無能爲役獨牰
此區□者論速爲則亦何異臨安書坊中人語哉可媿巳陽城
重彫嘉慶丙寅後一百二十一年再周丙寅六月伏日奘卭猶

禮記卷第一
曲禮上第一　禮記
　　　　　鄭氏注
曲禮曰毋不敬　儼若思　安定
辭　安民哉　敖不
可長　欲不可從　志不可滿　樂不可極
賢者狎而敬之　畏而愛之　愛而知其惡憎而
知其善　積而能散　安安而能遷　臨財毋苟得　臨難毋苟免

要不断的劳作。倘若有人问我，百行什么为先？万恶什么为首？我便一点不迟疑答道："百行业为先，万恶懒为首。"没有职业的懒人，简直是社会上蛀米虫，简直是"掠夺别人勤劳结果"的盗贼。我们对于这种人，是要彻底讨伐，万不能容赦的。有人说，我并不是不想找职业，无奈找不出来。我说，职业难找，原是现代全世界普通现象，我也承认。这种现象应该如何救济，别是一个问题，今日不必讨论。但以中国现在情形论，找职业的机会，依然比别国多得多。一个精力充满的壮年人，倘若不是安心躲懒，我敢信他一定能得相当职业。今日所讲，专为现在有职业及现在正做职业上预备的人——学生——说法，告诉他们对于自己现有的职业应采何种态度。

第一要敬业。敬字为古圣贤教人做人最简易直捷的法门，可惜被后来有些人说得太精微，倒变了不适实用了。惟有朱子解得最好，他说："主一无适便是敬。"用现在的话讲，凡做一件事便忠于一件事，将全副精力集中到这事上头，一点不旁骛，便是敬。业有什么可敬呢？为什么该敬呢？人类一面为生活而劳动，一面也是为劳动而生活。人类既不是上帝特地制来充当消化面包的机器，自然该各人因自己的地位和才力，认定一件事去做。凡可以名为一件事的，其性质都是可敬。当大总统是一件事，拉黄包车也是一件事，事的名称，从俗人眼里看来有高下，事的性质，从学理上解剖起来并没有高下。只要当大总统的人信得过我可以当大总统才去当，实实在在把总统当作一件正经事来做；拉黄包车的人信得过我可以拉黄包车才去拉，实实在在把拉车当作一件正经事来做；便是人生合理的生活，这叫做职业的神圣。凡职业没有不是神圣的，所以凡职业没有不是可敬的。惟其如此，所以我们对于各种职业，没有什么分别拣择。总之，人生在世是要天天劳作的，劳作便是功德，不劳作便是罪恶。至于我该做那一种劳作呢？全看我的才能何如，境地何如。因自己的才能境地做一种劳作做到圆满，便是天地间第一等人。

怎样才能把一种劳作做到圆满呢？惟一的秘诀就是忠实，忠实从心理上发出来的便是敬。《庄子》记痀瘘丈人承蜩的故事，说道："虽天地之大，万物之多，而惟吾蜩翼之知。"凡做一件事，便把这件事看作我的生命，无论别的什么好处，到底不肯牺牲我现做的事来和他交换。我信得过我当木匠的做成一张好桌子，和你们当政治家的建设成一个共和国家同一价值；我信得过我当挑粪的把马桶收拾得干净，和你们当军人的打胜一支压境的敌军同一价值。大家同是替社会做事，你不必羡慕我，我不必羡慕你。怕的是我这件事做得不妥当，便对不起这一天里头所吃的饭。所以我做这事的时候，丝毫不肯分心到事外。曾文正说："坐这山，望那山，一事无成。"我从前看见一位法国学者著的书，比较英法两国国民性，他说："到英国人公事房里头，只看见他们埋头执笔做他的事，到法国人公事房里头，只看见他们衔着烟卷，像在那里出神。英国人走路，眼注地下，像用全副精神注在走路上，法国人走路，总是东张西望，像不把走路当一回事。"这些比较得是否确切，姑且不论，但很可以为敬业两个字下注脚。若果如他所说，英国人便是敬，法国人便是不敬。一个人对于自己的职业不敬，从学理方面说，便是亵渎职业之神圣；从事实方面说，一定把事情做糟了，结果自己害自己。所以敬业主义，于人生最为必要，又于人生最为有利。庄子说："用志不纷，乃凝于神。"孔子说："素其位而行，不愿乎其外。"其说的敬业，不外这些道理。

第二要乐业。"做工好苦呀！"这种叹气的声音，无论何人都会常在口边流露出来。但我要问他："做工苦，难道不做工就不苦吗？"今日大热天气，我在这里喊破喉咙来讲，诸君扯直耳朵来听，有些人看着我们好苦；翻过来，倘若我们去赌钱去吃酒，还不是一样的淘神费力？难道又不苦？须知苦乐全在主观的心，不在客观的事。人生从出胎的那一秒钟起到咽气的那一秒钟止，除了睡觉以外，总不能把四肢五官都搁起不用。只要一用，不是淘神，便是费力，劳苦总是免不掉的。会打算盘的人，只有从劳苦中找出快乐来。我想天下第一等苦人，莫过于无业游民。终日闲游浪荡，不知把自己的身子和心子摆在那里才好。他们的日子真难过。第二等苦人，便是厌恶自己本业的人。这件事分明不能不做，却满肚子里不愿意做。不愿意做逃得了吗？到底不能。结果还是绉着眉头，哭丧着脸做去。这不是专门自己替自己开顽笑吗？我老实告诉你一句话：凡职业都是有趣味的，只要你肯继续做下去，趣味自然会发生。为什么呢？第一，因为凡一件职业，总有许多层累曲折，倘能身入其中，看他变化进展的状态，最为亲切有味。第二，因为每一职业之成就，离不了奋斗；一步一步的奋斗前去，从刻苦中将快乐的分量加增。第三，职业的性质，常常要和同业的人比较骈进，好像赛球一般，因竞胜而得快乐。第四，专心做一职业时，把许多游思妄想杜绝了，省却无限闲烦恼。孔子说："知之者不如好之者，好之者不如乐之者。"人生能从自己职业中领略出趣味，生活才有价值。孔子自述生平，说道："其为人也，发愤忘食，乐以忘忧，不知老之将至云尔。"这种生活，真算得人类理想的生活了。

我生平受用的有两句话：一是"责任心"，二是"趣味"。我自己常常力求这两句话之实现与调和，又常常把这两句话向我的朋友强聒不舍。今天所讲，敬业即是责任心，乐业即是趣味。我深信人类合理的生活总该如此，我望诸君和我同一受用！

本文为一九二二年八月十四日在上海中华职业学校的演讲

原载一九二二年八月二十三日《晨报副镌》

大家
小语

知命与努力

今天所讲的题目是"知命与努力"，知命同努力这两件事，骤看似乎不易合并在一处，《列子·力命》篇中曾经说明力与命不能相容，我从前作的诗也有"百年力与命相持"之句，都是把知命同努力分开，而且以为两者不能并存，可是，究竟是不是这样呢？现在便要研究这个问题。胡适之先生在欧洲演说中国文化，狠攻击知命之说，以为知命是一种懒惰哲学，这种主张，能养成懒惰根性。这话若不错，那么，我们这个懒惰人族，将来除了自然淘汰之一途外，真没有别条路可走了。但究竟是不是这样呢？现在还当讨论。

在《论语》里面有一句话："不知命无以为君子。"意思是说：凡人非有知命的工夫不能作君子。君子二字在儒家的意义常是代表高尚人格的。可以知道儒家的意见，是以知命为养成高尚人格的重要条件。其他"五十而知命"等类的活狠多，知命一事在儒家可谓重视极了。再来返观儒家以外的各家的态度怎样呢？墨家树起反对之帜，矫正儒家，所攻击的，大半是儒家所重视的。所以墨家自然不相信命，《墨子·非命》篇中便极端否认知命，在现在讲，可算"打倒知命"了。列子的意见，更可从《力命》篇

沖虛至德真經卷第六

　　列子

力命第六 此事未驗而此理已然若以寄

　天存外物卷智達係於天理也

力謂命曰若之功奚若我哉命曰汝奚功於

物而欲比朕力曰壽天窮達貴賤貧富我力

之所能也命曰彭祖之智不出堯舜之上而

壽八百顏淵之才不出眾人之下而壽十八

　　　　　沖虛至德真經卷第六

　　　　　　　　　　　　張湛處度註

論語卷第一

　　學而第一

　　　　　　　　　　　　　　何晏集解

子曰學而時習之不亦說乎 馬曰子者男子

之通稱謂孔子也王曰時者學者以時誦習之誦習以時無業不

習也說懌也

有朋自遠方來不亦樂乎 包曰同門曰朋

有朋同志曰友

人不知而不慍不亦君子乎 慍怒也凡人

有所不知君子不怒

有子曰其為人也孝弟而好犯上

者鮮矣 弟孔以上曰犯上者少也人能恭順好犯上

者鮮矣

中看出，他假设两人对话，一名力，一名命，争论结果，偏重于命。列子是代表道家的，可见道家的主张，是根本将命抬到最高的地位，而将力压服在下面，和墨家重力黜命的宗旨恰恰相反。可是儒家就不然，一面讲命，一面亦讲力，知命和努力，是同在一样的重要的地位，即以"不知命无以为君子"一句论，为君子便是努力，但却以知命为必要条件，可知在儒家的眼光中两者毫无轩轾了。

命字到底怎么解呢?《论语》中的话很简单，未曾把定义揭出来。我们只好在儒家后辈的书籍中寻解说，《孟子》，《荀子》，《礼记》，这三种都是后来儒家的重要的书。《孟子》说："莫之致而至者命也。"意谓并不靠我们力量去促成，而它自己当然来的，便是命。《荀子》说："节遇谓之命。"节是时节，意谓在某一时节偶然遇着的，便是命。《礼记》说："分于道之谓命。"这一条戴东原解释得最详，他以为道是全体的统一的，在那全体的里面，分一部分出来，部分对于全体，自然要受其支配，那叫做"分限"，便是命。综合这几条，简单的说，就是: 我们的行为，受了一种不可抵抗的力量的支配，偶然间遇着一个机会，或者被限制着止许在一定范围内自由活动，这便是命。命的观念，大概如此。

分限——命——的观念既明，究竟有多少种类，经过详密的分析，大约有下列四种: (一)自然界给予的分限: 这类分限，极为明显易知，如现在天暖，须服薄衣，转眼秋冬来了，又要需用厚衣，这便是一种自然界的分限。用外国语解释，便是自然界对于人类行为，给的一个order，只能在范围内活动，想超过是不能的。人类常常自夸，人力万能征服了自然界，但是到底征服了多少，还是个问题，譬如前时旧金山和日本的地震，人类几十年努力经营的结果，只消自然界几秒钟的破坏，便消灭无余，人类到底征服了自然界多少呢? 近几天，天文家又传说慧星将与地球接近，星尾若扫到地面，便要发生危险，此事固未实现，然假设慧星尾与地面接触了,那变化又何堪设想,彼时人类征服自然界的力量又如何呢? 这样便证明自然界的力量,委实比我们人类大得多,人类不得不在它给予的分限中讨生活的。(二)社会给予的分限:凡是一个社会,必有它的时间的遗传和空间的环境,这两样都能给予人们以重要的分限。无论如何强有力的人,在一个历时很久的社会中,总不能使那若干年遗传的结果消灭,并且自身反要受它的影响。即如我中华民国,挂上民治招牌已十六年了,实际上种种举动,所以名实不符者,实在是完全受了数千年历史惰力所支配,不克自拔。社会如此,个人亦如此,一人如此,众人亦如此,不独为世所诟病的军阀官僚,难免此惰力之支配,乃至现代蓬勃之青年,是否果能推翻惰力,不受其支配,仔细思之,当然不敢自信。吾人一举一动,一言一行,所不为惰力所干涉者,实不多见的。至于空间方面,亦复如是,现在中国经济状况,日趋贫乏,几乎有全国国民皆有无食之苦的景况,若想用人的力量去改这种不幸的情形,不是这一端改好,那一端又发生毛病;便是那一端改好,这一端又现出流弊。环境的势力,好似一条长链,互相牵掣,吾人的生活,便是在这全国环境互相牵掣的势力支配的底下决定,人为的改造,是不能实现的。小而言之,一个团体,也是这样,凡一个学校,它有学风,某一个在这学校里念书的学生,当然受学风的影响和支配,想跳出学风以外,是不容易的。而这个学校的学风,又不是单独成立的,又与其他学校,发生连带关系,譬如在北京某一学校,它的学风,不能不受全北京学校的学风的影响和支配,而不能脱离,就是这样。全北京的学风,影响到某一校;一校的学风,又影响到某一人,关系是如此其密切而复杂,所以社会在空间上给予人们的分限,是不可避免,而不易改造的。(三)个人固有的分限:在个人自身的性质,能力,身体,人格,经济,诸方面,常有许多不由自主的状态,这便是个人固有的分限。这些分限,有的是先天带来的,有的是受了社会的影响自然形成的,然而其为分限则一。譬如有些人身体好，有些人身体坏，身体好的人每天做十多点钟的功课，不觉疲倦，身体弱的人每天只用功几点钟，便非常困乏，再不停止，甚至患病，像这种差别，是没有法子去平均和补救的。讲其原因，自然是归咎于父母的身体不强壮，才遗传这般的体质。这不独个人为然，即以民族而言，华人同欧美比较，相去实在很远，这都是以前的祖先遗留的结果，不是一时的现象，然而既经堕落到如此地步，再想齐驱并驾，实无方法可施。既曰实行卫生，或可稍图改善，然一样的运动，一样的营养，而强者自强，弱者自弱，想立刻平等，是不可能的。才能经济诸端，尤其易见，有聪明有天才的人，一目十行，倚马万言，资质愚笨的人，自然赶他不上；有遗产的子弟，可以安富尊荣，卒业游学，家境困苦的人，自然千辛万苦，往往学业不完，这种分限，凡为人类，怎能逃脱。身体才能，固然不能变易，即如物质方面之经济力，似乎可以转换，然而要将一个穷学生于顷刻中化为富豪，亦是不能实现的事。物质的限制尚且如此之难去，何论其他，个人分限，诚不可轻视的了。(四)对手方给予的分限：凡人固然自己要活动，然而同时别人也要活动，彼此原都是一样的。加之人的活动方面，对自然常少，而对于他人的常多，所以人们活动是最易和他人发生关系的，既然如此，人们活动的时候，那对手方对于自己的活动也很有影响，这影响就是分限了。人们对他人发生活动，他人为应付起见，发出相当的活动来对抗。于是自己起了所谓反应，反应也有顺的，也有逆的，遇见顺的，尚不要紧，遇见逆的，则自己的活动将受其限制，而不能力所欲为，于是便构成了对手方的分限。这可以拿施教育者与受教育者做个比方，施者虽极力求其领会，然受者仍有活动的余地，若起了逆的反应，这个教育的方法，便要失败的。此犹言团体行为也，个人对个人也是如此，朋友，夫妇间的关系，何莫不然，无论如何任性的人，他的行为总难免反受其妻之若干分限，妻之方面亦同，人生最亲爱者，莫如夫妇，而对手方犹不能不有分限，遑论其他。犹之下棋，我走一着，人亦走一着，设禁止人之移棋，任我独下，自属全胜，无如事实不许，禁止他人，既难做到，而人之一着，常常与我以危险，制我之死命，于是不得不放弃预定计画，与之极力周旋，以求最后之胜利。此即对手分限之说，乃人人相互间，双方行为接触所起之反应了。

此四种分限——再加分析，容或更有——既经明了，只受一种之限制时，已足发生困难，使数十年之工作，一旦毁坏，然人生厄运，不止如是，实际上，吾人日常生活，几无不备受四种分限之包围和压迫。因此，假使有一不知命的人，不承认分限，甚至不知分限，或不注意分限，以为无论何事，我要如何便如何，可以达到目的。此种人勇气虽然很大，动辄行其开步走的主义，一往直前，可是，设使前边有一堵墙，拦住去路，人告诉他前面有墙，墙是走不过去的，而他悍然不顾，以为没有墙，我不信墙的限制，仍然前行。有时前面本是无墙，侥幸得以穿行，然已是可一不可再的成功，今既有墙，若是墙能任意穿行，自然很好，但墙实在是不能通过的东西，于是结果，他碰了墙，碰得头破脑裂，不得不回来，回来改变方向，仍是照这样碰墙，碰了几回之后，一经躺下，比任何软弱人还软弱，再无复起的希望。因他努力自信，总想超过他的希望，不想结果失望，自然一蹶不振，这种人的勇气，不能永久保持，一遇阻碍，必生厌倦，所以不知命——不信分限，专恃莽气的人是很难成功的。

儒家知命的话，在《论语》中有最重要的一句，便是批评孔子的："知其不可为而为之"那一句。可见知其可为而为之——不知或不信分限，不是勇气；必要知其不可为而为之，才算勇气。明知山上有金矿动手去掘的人，那不算有勇；要明知不可为，而知道应该去做的人，才算伟大。这句话很可以表现孔子的全部人格，也可以作为知命与努力的注脚，"知其不可为"便是知命，"而为之"便是努力，孔子的伟大和勇气，在此可以完全看出了。我们的科学家，或是梦想他的能力可以征服自然界，能够制止地震，固不算真科学家；或是因为知遇地震无法防止，便不讲预防之法；听其自然，也非真科学家。我们的真科学家，必具有下列的精神，便是明知地震是无法控制的，也不作谬妄的大言，但也不流于消极，仍然尽心竭力去研究预防的法，能够预防多少，便是多少，不因不能控制而自馁，也不因稍一预防而自夸，这种科学家才是真科学家，如我们所需要的。他们的预料，本来只在某一限度，限度之上就应当无效或失败，但他们知道应该做这种工作，仍是勤勉地去做着，尝试复尝试，不妨其多，结果如是失败，原不出其所料，万无失望的打击，幸而一二分的成功，于是他们便喜出望外了。知命之道，如此而已。

这种一二分的成功，为何可喜呢？因为世界的成功，都是比较的，无止境的。中国爱国的人，都想把国家弄得象欧美日本一样富强，好似欧美日本便是国家的极轨一样，谁知欧美日本，也不见得便算成功，国中正有无穷的纷扰哩！犹如列子所语的愚公移山，他虽不能一手把很高的山移完，可是他的子孙能够继续着去工作，他及身虽止能见到移去一尺二尺，也是够愉快，比起来未见分毫的移动，强得多了。成功犹如万万里的长道，一人的生命能力，万不能走完，然而走到中途，也胜与终身不走的哩！所以知命者，明知成功之不可必，了解分限之不可逃，在分限圈制前提之下去努力，才是真能努力的人啊！

我们为何需要真正的努力，因为只有真正的努力，才可不厌不倦。人何以有厌倦，多因不知分限，希望大过，动遭失败，听以如此。知命的人，便无此弊。孔门学问如"学而不厌，诲人不倦"，"为之不厌，诲人不倦"，"居之无倦"，"请益曰无倦"，"自强不息"，"不怨天不尤人"诸端。所谓不厌，不倦，不息，不怨，不尤，都是不以前途阻碍而退馁，是消极的知命。如"学而时习之不亦悦乎，有朋自远方来不亦乐乎"，都是以稍有成功而自娱，是积极的努力。所以我们不止要排除尊己黜人的妄诞，也宜蠲去美人恨己的忧伤，因这两者都于事实是无益的。我人徒见美国工人生活舒适，比中国资产阶级甚或过之，于是自怨自艾，于己之地位运动宁复有济。犹之豫湘人民，因罹兵灾，遽羡妒他省人民，又岂于事实有补。总之，生此环境，丁此时期，惟有勤勉乃身，委曲求全，其他夸诞怨艾之念，均不可存的。

孔子的"发愤忘食，乐以忘忧"工夫，实在是知命和努力的一个大榜样。儒家弟子，受其感化的，代不乏人，如汉之诸葛亮，固知辅蜀讨曹之无功，然而仍以"鞠躬尽瘁死而后已"为职志者，深明"汉贼不两立，皇室不偏安"之义，晓得应该如此做去，故不得不做，此由知命而进于努力者也。又如近代之胡林翼，曾国藩，固曾勋业彪炳，而读其遗书，则立言无不以安命为本，因二公饱经事故，阅历有得，故谆谆以安命为言，此由努力而进于知命者也。凡人能具此二者，则作事时较有把握，较能持久。其知命也，非为懒惰而知命，实因镇定而知命；其努力也，非为侥幸而努力，实为牺牲而努力。既为牺牲而努力，做事自然勇气百倍，既无厌倦，又有快乐了。所以我们要学孔子的发愤忘食，便是学他的努力；要学孔子的乐以忘忧，便是学他的知命。知命和努力，原来是不可分离，互相为用的，再没有不相容的疑惑了。知命与努力，这便是儒家的一大特色，也是中国民族一大特色，向来伟大人物，无不如此。诸君持身涉世，如能领悟此一语的意义，做到此一层工夫，可以终身受用不尽！

本文为一九二七年五月二十二日在华北大学的演讲，张泽雄、王劲年笔述

原载一九二年《国闻周报》第四卷第二十期

大家

为学与做人

诸君！我在南京讲学将近三个月了。这边苏州学界里头，有好几回写信邀我，可惜我在南京是天天有功课的，不能分身前来。今天到这里，能够和全城各校诸君聚在一堂，令我感激得很。但有一件，还要请诸君原谅，因为我一月以来，都带着些病，勉强支持，今天不能作很长的讲演，恐怕有负诸君期望哩。

问诸君"为什么进学校？"我想人人都会众口一辞的答道："为的是求学问。"再问："你为什么要求学问？""你想学些什么？"恐怕各人的答案就很不相同，或者竟自答不出来了。诸君啊！我请替你们总答一句罢："为的是学做人。"你在学校里头学的什么数学、几何、物理、化学、生理、心理、历史、地理、国文、英语，乃至什么哲学、文学、科学、政治、法律、经济、教育、农业、工业、商业等等，不过是做人所需要的一种手段，不能说专靠这些便达到做人的目的。任凭你把这些件件学得精通，你能够成个人不能成个人还是别问题。

人类心理有知、情、意三部分。这三部分圆满发达的状态，我们先哲名之为三达德——智、仁、勇。为什么叫做"达德"呢？因为这三件事是人类普通道德的标准，总要三件具备才能成一个人。三件的完成状态怎么样呢？孔子说："知者不惑，仁者不忧，勇者不惧。"所以教育应分为知育、情育、意育三方面。——现在讲的智育、德育、体育，不对，德育范围太笼统，体育范围太狭隘。——知育要教到人不惑，情育要教到人不忧，意育要教到人不惧。教育家教学生，应该以这三件为究竟，我们自动的自己教育自己，也应该以这三件为究竟。

怎么样才能不惑呢？最要紧是养成我们的判断力。想要养成判断力，第一步，最少须有相当的常识，进一步，对于自己要做的事须有专门智识；再进一步，还要有遇事能断的智慧。假如一个人连常识都没有，听见打雷，说是雷公发威，看见月蚀，说是虾蟆贪嘴。那么，一定闹到什么事都没有主意，碰着一点疑难问题，就靠求神问卜看相算命去解决，真所谓"大惑不解"，成了最可怜的人了。学校里小学中学所教，就是要人有了许多基本的常识，免得凡事都暗中摸索。但仅仅有这点常识还不够，我们做人，总要各有一件专门职业。这门职业，也并不是我一人破天荒去做，从前已经许多人做过，他们积了无数经验，发见出好些原理原则，这就是专门学识。我打算做这项职业，就应该有这项专门学识。例如我想做农吗，怎样的改良土壤，怎样的改良种子，怎样的防御水旱病虫，等等，都是前人经验有得成为学识的；我们有了这种学识，应用他来处置这些事，自然会不惑，反是则惑了。做工做商等等都各各有他的专门学识，也是如此。我想做财政家吗，何种租税可以生出何样结果，何种公债可以生出何样结果，等等，都是前人经验有得成为学识的；我们有了这种学识，应用他来处置这些事，自然会不惑，反是则惑了。教育家、军事家等等都各各有他的专门学识，也是如此。我们在高等以上学校所求的智识，就是这一类。但专靠这种常识和学识就够吗？还不能。宇宙和人生是活的不是呆的，我们每日所碰见的事理是复杂的变化的不是单纯的印板的，倘若我们只是学过这一件才懂这一件，那么，碰着一件没有学过的事来到跟前，便手忙脚乱了。所以还要养成总体的智慧，才能得有根本的判断力。这种总体的智慧如何才能养成呢？第一件，要把我们向来粗浮的脑筋着实磨练他，叫他变成细密而且踏实。那么，无论遇着如何繁难的事，我都可以彻头彻尾想清楚他的条理，自然不至于惑了。第二件，要把我们向来昏浊的脑筋，着实将养他，叫他变成清明。那么，一件事理到跟前，我才能很从容很莹澈的去判断他，自然不至于惑了。以上所说常识学识和总体的智慧，都是知育的要件，目的是教人做到知者不惑。

怎么样才能不忧呢？为什么仁者便会不忧呢？想明白这个道理，先要知道中国先哲的人生观是怎么样。"仁"之一字，儒家人生观的全体大用都包在里头。"仁"到底是什么？很难用言语说明，勉强下个解释，可以说是："普遍人格之实现。"孔子说："仁者人也。"意思是说人格完成就叫做"仁"。但我们要知道，人格不是单独一个人可以表见的，要从人和人的关系上看出来。所以仁字从二人，郑康成解他做"相人偶"。总而言之，要彼我交感互发，成为一体，然后我的人格才能实现。所以我们若不讲人格主义，那便无话可说，讲到这个主义，当然归宿到普遍人格。换句话说，宇宙即是人生，人生即是宇宙，我的人格，和宇宙无二无别，体验得这个道理，就叫做"仁者"。然则这种仁者为甚么就会不忧呢？大凡忧之所从来，不外两端，一曰忧成败，二曰忧得失。我们得着"仁"的人生观，就不会忧成败。为什么呢？因为我们知道宇宙和人生是永远不会圆满的，所以《易经》六十四卦，始"乾"而终"未济"。正为在这永远不圆满的宇宙中，才永远容得我们创造进化。我们所做的事，不过在宇宙进化几万万里的长途中，往前挪一寸两寸，那里配说成功呢？然则不做怎么样呢？不做便连这一寸两寸都不往前挪，那可真真失败了。"仁者"看透这种道理，信得过只有不做事才算失败，肯做事便不会失败。所以《易经》说："君子

以自强不息。"换一方面来看，他们又信得过凡事不会成功的，几万万里路挪了一两寸，算成功吗？所以《论语》说："知其不可而为之。"你想，有这种人生观的人，还有什么成败可忧呢？再者，我们得着"仁"的人生观，便不会忧得失。为什么呢？因为认定这件东西是我的，才有得失之可言。连人格都不是单独存在，不能明确的画出这一部分是我的，那一部分是人家的，然则那里有东西可以为我所得？既已没有东西为我所得，当然也没有东西为我所失。我只是为学问而学问，为劳动而劳动，并不是拿学问劳动等等做手段来达某种目的——可以为我们"所得"的。所以老子说："生而不有，为而不恃。""既以为人己愈有，既以与人己愈多。"你想，有这种人生观的人，还有什么得失可忧呢？总而言之，有了这种人生观，自然会觉得"天地与我并生，而万物与我为一"，自然会"无入而不自得"。他的生活，纯然是趣味化艺术化。这是最高的情感教育，目的教人做到仁者不忧。

怎么样才能不惧呢？有了不惑不忧工夫，惧当然会减少许多了。但这是属于意志方面的事。一个人若是意志力薄弱，便有很丰富的智识，临时也会用不着；便有很优美的情操，临时也会变了卦。然则意志怎么才会坚强呢？头一件须要心地光明。孟子说："浩然之气，至大至刚。行有不慊于心，则馁矣。"又说："自反而不缩，虽褐宽博，吾不惴焉；自反而缩，虽千万人，吾往矣。"俗语说得好："生平不作亏心事，夜半敲门也不惊。"一个人要保持勇气，须要从一切行为可以公开做起。这是第一着。第二件要不为劣等欲望之所牵制。《论语》记："子曰：'吾未见刚者。'或对曰：'申枨。'子曰：'枨也欲，焉得刚？'"一被物质上无聊的嗜欲东拉西扯，那么，百炼刚也会变为绕指柔了。总之一个人的意志，由刚强变为薄弱极易，由薄弱返到刚强极难。一个人有了意志薄弱的毛病，这个人可就完了。自己作不起自己的主，还有什么事可做？受别人压制，做别人奴隶，自己只要肯奋斗，终须能恢复自由。自己的意志做了自己情欲的奴隶，那么，真是万劫沉沦，永无恢复自由的余地，终身畏首畏尾，成了个可怜人了。孔子说："和而不流，强哉矫；中立而不倚，强哉矫；国有道，不变塞焉，强哉矫；国无道，至死不变，强哉矫。"我老实告诉诸君说罢，做人不做到如此，决不会成一个人。但做到如此真是不容易，非时时刻刻做磨练意志的工夫不可，意志磨练得到家，自然是看着自己应做的事，一点不迟疑，扛起来便做，"虽千万人吾往矣"。这样才算顶天立地做一世人，绝不会有藏头躲尾左支右绌的丑态。这便是意育的目的，要教人做到勇者不惧。

我们拿这三件事作做人的标准，请诸君想想，我自己现时做到那一件——那一件稍为有一点把握。倘若连一件都不能做到，连一点把握都没有，嗳哟！那可真危险了，你将来做人恐怕就做不成。讲到学校里的教育吗，第二层的情育、第三层的意育，可以说完全没有，剩下的只有第一层的知育。就算知育罢，又只有所谓常识和学识，至于我所讲的总体智慧靠来养成根本判断力的，却是一点儿也没有。这种"贩卖智识杂货店"的教育，把他前途想下去，真令人不寒而栗！现在这种教育，一时又改革不来，我们可爱的青年，除了他更没有可以受教育的地方。诸君啊！你到底还要做人不要？你要知道危险呀！非你自己抖擞精神想方法自救，没有人能救你呀！

诸君啊！你千万别要以为得些断片的智识，就算是有学问呀。我老实不客气告诉你罢，你如果做成一个人，智识自然是越多越好；你如果做不成一个人，智识却是越多越坏。你不信吗？试想想全国人所唾骂的卖国贼某人某人，是有智识的呀，还是没有智识的呢？试想想全国人所痛恨的官僚政客——专门助军阀作恶鱼肉良民的人，是有智识的呀，还是没有智识的呢？诸君须知道啊，这些人当十几年前在学校的时代，意气横厉，天真烂漫，何尝不和诸君一样？为什么就会堕落到这样田地呀？屈原说的：

"何昔日之芳草兮，今直为此萧艾也！岂其有他故兮，莫好修之害也。"天下最伤心的事，莫过于看着一群好好的青年，一步一步的往坏路上走。诸君猛醒啊！现在你所厌所恨的人，就是你前车之鉴了。

诸君啊！你现在怀疑吗？沉闷吗？悲哀痛苦吗？觉得外边的压迫你不能抵抗吗？我告诉你，你怀疑和沉闷，便是你因不知才会惑。你悲哀痛苦，便是你因不仁才会忧。你觉得你不能抵抗外界的压迫，便是你因不勇才有惧。这都是你的知情意未经过修养磨练，所以还未成个人。我盼望你有痛切的自觉啊！有了自觉，自然会自动。那么，学校之外，当然有许多学问，读一卷经，翻一部史，到处都可以发现诸君的良师呀！

诸君啊，醒醒罢！养足你的根本智慧，体验出你的人格人生观，保护好你的自由意志。你成人不成人，就看这几年哩！

一九二二年十二月二十七日为苏州学生联合会公开讲演

原载一九二三年一月十五日《晨报副镌》

孔子之人格

我屡说孔学专在养成人格。凡讲人格教育的人，最要紧是以身作则，然后感化力才大。所以我们要研究孔子的人格。

孔子的人格，在平淡无奇中现出他的伟大，其不可及处在此，其可学处亦在此。前节曾讲过，孔子出身甚微。《史记》说："孔子贫且贱。"他自己亦说吾少也贱。（孟子说孔子为委吏，乘田皆为贫而仕。）以一个异国流寓之人，而且少孤，幼年的穷苦可想，所以孔子的境遇，很像现今的苦学生，绝无倚靠，绝无师承，全恃自己锻炼自己，渐渐锻成这么伟大的人格。我们读释迦基督墨子诸圣哲的传记，固然敬仰他的为人，但总觉得有许多地方，是我们万万学不到的。惟有孔子，他一生所言所行，都是人类生活范围内极亲切有味的庸言庸行，只要努力学他，人人都学得到。孔子之所以伟大就在此。

近世心理学家说，人性分智（理智）、情（情感）、意（意志）三方面。伦理学家说，人类的良心，不外由这三方面发动。但各人各有所偏，三者调和极难。我说，孔子是把这三件调和得非常圆满，而且他的调和方法，确是可模可范。孔子说："知仁勇三者，天下之达德。"又说："知者不惑，仁者不忧，勇者不惧。"知，就是理智的作用；仁，就是情感的作用；勇，就是意志的作用。我们试从这三方面分头观察孔子。

（甲）孔子之知的生活

孔子是个理智极发达的人。无待喋喋，观前文所胪列的学说，便知梗概。但他的理智，全是从下学上达得来。试读《论语·吾十有五》一章，逐渐进步的阶段，历历可见。他说："我非生而知之者，好古敏以求之者也。"又说："十室之邑，必有忠信如丘者焉，不如丘之好学也。"可见孔子并不是有高不可攀的聪明智慧。他的资质，原只是和我们一样；他的学问，却全由勤苦积累得来。他又说："君子食无求饱，居无求安，敏于事而慎于言，就有道而正焉。可谓好学也已矣。"解释好学的意义，是不贪安逸少讲闲话多做实事，常常向先辈请教，这都是最结实的为学方法。他遇有可以增长学问的机会，从不肯放过。郯子来朝便向他问官制。在齐国遇见师襄，便向他学琴。入到太庙，便每事问。那一种遇事留心的精神，可以想见。他说："学如不及，犹恐失之。"又说："学之不讲，是吾忧也。"可见他真是以学问为性命，终身不肯抛弃。他见老子时，大约五十岁了，各书记他们许多问答的话，虽不可尽信，但他虚受的热忱，真是少有了。他晚年读《易》韦编三绝，还恨不得多活几年好加功研究。他的《春秋》，就是临终那一两年才著成。这些事绩，随便举一两件，都可以鼓励后人向学的勇气。像我们在学堂毕业，就说我学问完成，比起孔子来，真要愧死了。他自己说"其为人也，发愤忘食，乐以忘忧，不知老之将至"云尔。可见他从十五岁到七十三岁，无时无刻不在学问之中。他在理智方面，能发达到这般圆满，全是为此。

（乙）孔子之情的生活

凡理智发达的人，头脑总是冷静的，往往对于世事，作一种冷酷无情的待遇，而且这一类人，生活都会单调性，凡事缺乏趣味。孔子却不然。

◎《孔子圣迹图》之《学琴师襄》

他是个最富于同情心的人，而且情感很易触动。子食于有丧者之侧，未尝饱也；子见齐衰者，虽狎必变，凶服必式之。可见他对于人之死亡，无论识与不识，皆起恻隐，有时还像神经过敏。朋友死，无所归。子曰："于我殡。"孔子之卫，遇旧馆人之丧，入而哭之，一哀而出涕。颜渊死，子哭之恸。这些地方，都可证明孔子是一位多血多泪的人。孔子既如此一往情深，所以哀民生之多艰，日日尽心，欲图救济。当时厌世主义盛行，《论语》所载避地避世的人很不少。那长沮说："滔滔者，天下皆是也。而谁与易之？"孔子却说："鸟兽不可与同群，吾非斯人之徒与而谁与？天下有道，丘不与易也。"可见孔子栖栖皇皇，不但是为义务观念所驱，实从人类相互间情感发生出热力来。那晨门虽和孔子不同道，他说"是知其不可而为之者与"，实能传出孔子心事。像《论语》所记那一班隐者，理智方面都很透亮，只是情感的发达，不及孔子。（像屈原一流情感又过度发达了。）

孔子对于美的情感极旺盛，他论韶武两种乐，就拿尽美和尽善对举。一部《易传》，说美的地方甚多（如乾之以美利利天下，如坤之美在其中）。他是常常玩领自然之美，从这里头，得着人生的趣味。所以他说："天何言哉？四时行焉，百物生焉，天何言哉？"说："知者乐水，仁者乐山。"前节讲的孔子赞《易》全是效法自然，就是这个意思。曾点言志，说"浴乎沂，风乎舞雩，咏而归"。孔子喟然叹曰："吾与点也。"为什么叹美曾点？为他的美感，能唤起人趣味生活。孔子这种趣味生活，看他笃嗜音乐，最能证明。在齐闻韶，闹到三月不知肉味，他老先生不是成了戏迷吗？子于是日哭，则不歌。可见他除了有特别哀痛时，每日总是曲子不离口了。子与人歌而善，必使反之而后和之，可见他最爱与人同乐。孔子因为认趣味为人生要件，所以说："不亦说乎？不亦乐乎？"说"乐以忘忧"，说"知之者不如好之者，好之者不如乐之者"。一个"乐"字，就是他老先生自得的学问。我们从前以为他是一位干燥无味方严可惮的道学先生，谁知不然。他最喜欢带着学生游泰山游舞雩，有时还和学生开玩笑呢！（夫子莞尔而笑……前言戏之耳！）《论语》说"子温而厉，威而不猛，恭而安"，正是表现他的情操恰到好处。

（丙）孔子之意的生活

凡情感发达的人，意志最易为情感所牵，不能强立。孔子却不然，他是个意志最坚定强毅的人。齐鲁夹谷之会，齐人想用兵力劫制鲁侯，说孔丘知礼而无勇，以为必可以得志。谁知孔子拿出他那不畏强御的本事，把许多伏兵都吓退了。又如他反对贵族政治，实行堕三都的政策，非天下之大勇，安能如此？他的言论中，说志说刚说勇说强的最多。如"三军可夺帅也，匹夫不可夺志也"，这是教人抵抗力要强，主意一定，总不为外界所摇夺。如"君子和而不流，强哉矫；中立而不倚，强哉矫；国有道，不变塞焉，强哉矫；国无道，至死不变，强哉矫"，都是表示这种精神。又说："志士仁人，无求生以害仁，有杀身以成仁。"又说："志士不忘在沟壑，勇士不忘丧其元。"教人以献身的观念，为一种主义或一种义务，常须存以身殉之心。所以他说："仁者必有勇"，又说："见义不为无勇也"，可见讲仁讲义，都须有勇才成就了。孔子在短期的政治生活中，已经十分表示他的勇气，他晚年讲学著书，越发表现这种精神。他自己说："学而不厌，诲人不倦。"这两句语看似寻常，其实不厌不倦，是极难的事。意志力稍为薄弱一点的人，一时鼓起兴味做一件事，过些时便厌倦了。孔子既已认定学问教育是他的责任，一直到临死那一天，丝毫不肯松劲。不厌不倦这两句话，真当之无愧了。他赞《易》，在第一个乾卦，说"天行健，君子以自强不息"。"自强"是表意志力，"不息"是表这力的继续性。

以上从知情意即知仁勇三方面分析综合，观察孔子。试把中外古人别的伟人哲人来比较，觉得别人或者一方面发达的程度过于孔子，至于三方面同时发达到如此调和圆满，直是未有其比。尤为难得的，是他发达的途路，很平易近人，无论什么人，都可以学步。所以孔子的人格，无论在何时何地，都可以做人类的模范。我们和他同国，做他后学，若不能受他这点精神的感化，真是自己辜负自己了。

一九二〇年

选自《饮冰室合集·专集之三十六》（中华书局一九八九年影印本）

《曾文正公嘉言钞》序

　　曾文正者，岂惟近代，盖有史以来不一二睹之大人也已；岂惟我国，抑全世界不一二睹之大人也已。然而文正固非有超群绝伦之天才，在并时诸贤杰中称最钝拙；其所遭值事会，亦终身在拂逆之中。然乃立德、立功、立言，三并不朽，所成就震古铄今，而莫与京者，其一生得力在立志，自拔于流俗，而困而知，而勉而行，历百千艰阻而不挫屈；不求近效，铢积寸累，受之以虚，将之以勤，植之以刚，贞之以恒，帅之以诚，勇猛精进，坚苦卓绝。如斯而已，如斯而已。

　　孟子曰："人皆可以为尧舜。"尧舜信否尽人皆可学焉而至，吾不敢言；若曾文正之尽人皆可学焉而至，吾所敢言也。何也？文正所受于天者，良无以异于人也。且人亦孰不欲向上？然生当学绝道丧、人欲横流之会，窳败之习俗，以雷霆万钧之力，相罩相压，非甚强毅者，固不足以抗圉之。荀卿亦有言："庸众驽散，则劫之以师友。"而严师畏友，又非可亟得之于末世，则夫滔滔者之日趋于下，更奚足怪！其一二有志之士，其亦惟乞灵典册，得片言单义而持守之，以自鞭策，自夹辅，自营养，犹或可以防杜堕落而渐进于高明。古人所以得一善，则拳拳服膺而日三复，而终身诵焉也。

抑先圣之所以扶世教、正人心者，四书六经亦盖备矣。然义丰词约，往往非末学所骤能领会，且亦童而习焉，或以为陈言而忽不加省也。近古诸贤阐扬辅导之言，益汗牛充栋，然其义大率偏于收敛，而贫于发扬。夫人生数十寒暑，受其群之荫以获自存，则于其群岂能不思所报？报之则必有事焉，非曰逃虚守静而即可以告无罪也明矣，于是乎不能不日与外境相接构。且既思以己之所信易天下，则行且终其身以转战于此浊世。若何而后能磨练其身心，以自立于不败？若何而后能遇事物泛应曲当，无所挠枉？天下最大之学问，殆无以过此，非有所程式而养之于素，其孰能致者？

曾文正之殁，去今不过数十年，国中之习尚事势，皆不甚相远。而文正以朴拙之姿，起家寒素，饱经患难，丁人心陷溺之极运，终其生于挫折讥妒之林，惟恃一己之心力，不吐不茹，不靡不回，卒乃变举世之风气，而挽一时之浩劫。彼其所言，字字皆得之阅历而切于实际，故其亲切有味，资吾侪当前之受用者，非唐宋以后儒先之言所能逮也。孟子曰："闻伯夷之风者，懦夫有立志。"又曰："奋乎百世之上，百世之下闻者莫不兴起。"况相去仅一世，遗泽未斩，模楷在望者耶？则兹编也，其真全国人之布帛菽粟而斯须不可去身者也。

一九一六年

选自《曾文正公嘉言钞》（商务印书馆一九二五年版）

陆王学派与青年修养

今天为本馆第一次课外讲演，以后每星期亦是继续有的；先尽在外面敦请名流学者，如未觅着，就由我自己充数，原来我自己本拟正式担任点功课，继思本馆与其他学校性质不同，讲堂上钟点宜少，课外自修时间宜多，所以我自己暂时不作有系统的学术讲演。

今天讲"陆王学派与青年修养"，这个题目，好像不识时务，尤其在现在经济状况社会情形正在混乱突变，还拿起几百年前道学先生的语来翻腾，岂不太可笑吗？但是我们想想修养工夫，是否含有时代性？是否在某时代为必要，在某时代便不必要？我们生在世上几十年，最少也须求自己身心得一个安顿处，不然，单是饥则求食，劳则求息，蠕蠕噩噩和动物一般，则生活还有什么意味，什么价值？或者感觉稍锐敏一点，便终日受环境的压迫，陷于烦恼苦闷，结果堕落下去，那更是"天之僇民"了。所以我们单为自己打算，已经不容缺乏修养工夫，其理甚明。况且一个人总不是做自了汉可以得了的，"四海变秋气，一室难为春"，我们无论为公为私，都有献身出来替社会做事的必要。尤其在时局万分艰难的中国今日，正靠后起的青年开拓一个新局面出来，青年们不负这责任，谁来负呢？但是我们想替社会做事，自己须先预备一副本钱，所谓本钱者，不但在书本上得些断片智识，在人情交际上得些小巧的伎俩，便可济事，须是磨练出强健的心力，不为风波所摇，须是养成崇高的人格，不为毒菌所腐。这种精神，不是一时作得到的；古今中外的伟大人物——或者虽不十分伟大而能成就一部事业的人，都不是一蹴侥幸成功的。在他事业未成功以前，"扎硬寨，打死仗"，孜孜矻矻，"锲而不舍"，不知作了几多狠苦的预备功夫；待到一旦临大事，好整以暇，游刃有余，不过将修养所得的表现出来罢了。我同学们须知读书的时候，就是修养的时候，能一面注重书本子上学问，一面从事人格修养，"进德修业"，双方并进，这就是将来成就伟大事业的准备；所以我个人认为青年有修养的必要。

以上是说修养的必要；现在接着说修养的方法。究竟要用什么方法，才可达到修养的目的呢？古今中外的学者祖师——所讲求的法门甚多，今择要述之：

（一）宗教的。宗教家常悬一超人的鹄的——无论天也可，神也可，上帝也可，由此产生出来道德规律，便拿来当他自己作事的标准，不能说他没有功效；不过这种方法，比较行于没有十分开化的民族和稍为脑筋简单的人，足以帮助他的修养。因为这种方法，完全靠他力的，不是靠自力的，例如信仰基督教的人，只要崇拜基督，便以为能赎我愆尤；信仰佛教净土宗的人，只要口诵"阿弥陀佛"，便以为能解脱生西。流弊所至，自己的觉性，反受他力压抑，不能自由发展了。

（二）玄学的。玄学的修养法，要脱离名相，得到人以外高深哲理的人生观，来作自己安心的归宿。他的好处，自力甚强独往独来，当然比宗教全靠他力自由得多。但他的弊病：离名相过远，结果变成高等娱乐品，不切于实际；非具特别智慧对哲理有特别兴趣的，不容易领悟，往往陷于空中楼阁，虚无缥缈的境界；虽说是满腹玄理，足供谈资，亦等于看菜单

象山先生全集卷一

臨川後學李　綏點次
楚殿後學周銃齡重校
槐堂書齋裔孫邦瑞刊

書

與王順伯

去夏遠辱臨存甚慰積年闊別之懷執別忽忽又一
歲有半瞻企不啻渴儀屢於七七哥書中蒙寄意之
勤感感且知別後所學大進膏潤沾溉多矣敬仰之
劇然愚意竊有顧訂正於左右者不敢避凟之罪
大抵學術有說有實儒者有儒者之說老氏有老氏

王文成公全書卷之二十
明新建謝氏原本

外集二詩
盧陵詩
六首

遊瑞華二首

簿領終年未出郊此行聊解俗人嘲憂時有志懷先達
作縣無能愧舊交松古尚存經雪幹竹高還長拂雲梢
溪山處處堪行樂正是浮名未易拋

其二

萬死投荒不擬回生還且復栽培逢時已負三年學
治劇兼非百里才身可益民寧論屈志存經國未全灰

而忘烹调，读书谱而废临池，自己终究不能受用的。

（三）礼法的。礼法的，一可云是"礼文的"——"礼节的"，换言之，就是形式上检束身心的方法。在消极方面，本"君子怀刑"的观念，凡国法和礼教上不允许的，就绝对的不肯尝试；在积极方面，礼与法所允许的，便常常从事训练，一言一动，务期造成轨范，这是他的优点。但他的弊病：（1）偏于形式，礼法禁止的行为，均须表现出来，礼法才有制裁的力量；其内心思想，无论怀到怎样，法官虽高明，固然不能照烛；就是礼教的范围和力量稍大，也仍然是达不到的：不过形貌恭敬罢了。（2）病于琐碎，无论什么事，须得到一个概念，若网在纲，如裘挈领，然后才能穷源竟委，循序渐进；若只一枝一节的来寻解决，便永久得不着一个把柄。

以上三种，都不是良好的方法，不能使人们得到修养的效果。我们生在这个变动社会，镇日忙碌，精神烦闷，不但宗教的、玄学的，不能适用，就是礼法的修养方法，繁文缛节，病于琐碎，亦易令人厌倦——故不能不选择一最简捷的方法。这种方法的条件：第一要切实，能在我最忙的时间——学问上或者是职务上——不相妨害，仍能不断的作修养功夫；第二须得其要领，好比运用大机器一样，只要得着他的原动力，便全部都转动起来了，不是头痛医头，脚痛医脚的方法；第三要自动的，不靠人，也不靠着人以外的他种力量。能具备以上三种条件的，古今中外的伟人都有，或者宗教家哲学家，亦复不少。不过依我个人用功实验的结果，觉得对于现在一般青年的修养最稳当最简捷最易收效果的，当以陆王一派的学问为最适合。对于这派的学术，以后有机会，当详细讨论。今天先将他修养的要点讲一讲。我把他暂分为四点，分述于下：

（一）致良知。"致良知"这句话是王阳明提出来的，陆象山虽有这种意思，却未明白说出"致良知"三字来，象山说法，仍旧本着孟子的"求放心"。"求放心"这句话，前人解释放字，如放风筝一样，放了出去，再收回来，这是不对的；其实"放"字，就是失去本来良心的意思；换言之，就是为气禀所拘，人欲所蔽，失去本然之善。"求放心"，就是图恢复已失去的良心。阳明"致良知"三字，便觉明显得多。

阳明尝诏告弟子说："你一点良知，即是你的明师。是便知是，非便知非，一毫昧他不得。良心命令你的行为，不会错的"云云……

他的意思，就是说，良心像明师一样，是与非，辨之最清；良心命令你要作便作，不作便不作，决计不会错的。近世德哲学家康德（Kant）亦曾说过"服从良心第一个命令"，因为第一个命令是真觉，最明显不过的。这话完全与陆王旨趣相符合，其所谓"东海有圣人，南海有圣人，此心同，此理同"了。"致良知"的致字，系动词，含有功夫，如普通致书某君之致同意。"致良知"，就是推致良知于事事物物，好比诸君将来作司法官，如何裁判始能尽善？这便是把我的良心推致到人的身上或事物上面去的一个实例。"良心"在人身，犹"舟之有舵"。舟有舵，所以便移转；如遇暴风骇浪，不会把舵——或者是无舵，那船非沉不可。良知如舵，致良知，就是把舵。吾人每日作事，常常提醒此心，恰如操舟者全副精神注重管舵。良心与生俱来，人人都有，不常用则驰骛飞扬，莫知所届；犹之舟子之舵，不常用则把不定。所以陆王诏人说："良心就是你的明师"，每日遇事到面前便问他，久之自不费力；如舟子之于舵，天天训练，平时固毫不费力，纵遇大风骇浪，稍用点心，亦可过去。总之陆王方法，不必靠宗教、玄学、礼法等，只靠这点觉性，训练纯熟，平时言行，固从容中道；纵遇重大的困难的大事临头，随便提一提，也可因物付物，动定咸宜。这方法最简捷，上自大圣大贤，下至妇女孩提，不用抛弃他种事业，都可适用。什么专靠书本子上"多识前言往行以蓄其德"，什么"礼仪三百——威仪三千"的繁文缛节，都是比不上的，这是陆王学派第一个美点。

（二）重实验。"致良知"，似乎纯属主观的，怎么又说到重实验的客观方面去呢? 这不是自相矛盾吗? 其实不然, 陆王的意思, 以为事之应作, 要问良知, 究要如何作法, 如何推之于人而顺, 全验诸客观的实际。表面虽似相反, 结果全然一贯。陆子静与兄子渊别后相见, 兄问数年学问, 从何处下手? 何处致力? 子静答云: "专从人情事变上下手。" 这便是陆学注重实验的铁证。考陆氏本是大家庭, 并且数代同居, 管理家务是轮流的, 他说他学问进步最猛烈, 就是在二十三岁管理家务的时候, 因为这时有机会把良心推致到事实上去。我们要知道: 知与行有最密切的关系。譬如由北京到上海, 须先定一观念。究应怎样去法, 心中常有两种辩论, 一说往南, 一说向北, 未实行时可以并存的; 待到实行时, 非实在详细打听明白, 终没有达到上海的一日, 徒然看路程表是不中用的。又如听人说, 东兴楼菜好, 在未尝过以前, 纵然下形容词, 说他怎样甘美可口, 终于隔靴搔痒, 与自己不相干; 必待亲自吃过然后才能真正知道。所以阳明主张 "知行合一", 尝曰: "知是行之始, 行是知之终", 又曰: "知而不行, 知如未知。" 陆王这派学说, 虽然对于书本子上学问, 不十分攻击, 但总视为第二层学问, 他们的意思, 要在实际上作去, 凡一言一动, 能把自己的良心运用到上面去, 就无往而非学问。我们天天在讲堂听讲, 固为学问, 就是在课外听讲作事, 一举一动, 均合于条理, 更是紧要的学问; 若徒知在讲堂上上课, 那便等于看路程表和批评菜单子了。我们未研究陆王以前, 以为他们学问, 全是主观的; 那知道他们推致良知到事事物物上去, 完全属于客观的。陆子以管家进学, 已以上述, 再来看看王子。他的军事上政治上的事业, 只要有一件, 都足成为伟大人物永垂不朽。奇怪得很: 我们现在只知他为一大学者, 军事政治, 反为学问所掩, 这是什么缘故呢? 因为他的军事政治, 都是从学问中发出来, 同时他的学问, 亦因经军事政治的训练而益进步。他的军略政略, 就他平宸濠一事, 便可看得出来。宸濠为明室王子, 谋覆明社, 已有数年预备, 详密布置。阳明无官守, 无人责,上书讨贼，谈笑之顷，三星期削平大难，这是何等神勇——迨削平以后，太监嫉功妒能，仍促御驾亲征，并且要他将宸濠放出，他看出此中症结，便把宸濠解交太监，功成不居，以泯猜忌。这时皇帝仍要到江南，所带北兵，云集南昌，他用种种方法供给，使南北军不相冲突；又百般用方法激动北军，到岁暮除夕时，令市民作歌谣唱戏，使兵士动思归之念，于是北兵始撤去。统观这事的首尾，初宸濠胁迫他，他不但不附和，反兴师致讨，这是良心命令他作的；旋交宸濠于太监以泯猜忌，也是良心命令他作的；北兵驻南昌，苦吾民，设法促归，也是良心命令他作的。良心作用之妙，真是不可思议。阳明之学，首重良知，一遇困难问题，更借此机会，训练思想，直作下去，一面虽似主观，一面则条理细密，手腕灵敏，又完全属客观的。虽用权术，好比医生对病人说谎一样（说谎为极不道德之事，医生对病人说谎，目的在医病，故为良心所许可），也是良心命令所许可的。为达良好目的而用手段，这手段毕竟是善的。由此足以证明致良知与重实验，丝毫不相冲突的。

（三）非功利。西洋科学，重实验，近功利；陆王学派，既重实验，当然也不能逃此窠臼，怎么又说非功利呢？但是陆王不是绝对不要利益，不要事功，不过以自己个人为本位的毁誉得失利害等物，陆王是绝对反对的。陆子在白鹿洞书院，讲"君子喻义小人喻利"章，不但听众感动，就是朱子也大为感动；当时便把讲义写出来刻在书院壁上。他讲的大意：谓"利"，是以自己为本位的。凡专为自己打算，不但贪财好色要不得，就是学问文章虚荣利禄等，也都要不得的，反覆推阐，为拔本塞源之论。若不澄清源头，读书多固坏，才具大更坏。譬如现在军阀，无论北也好，南也好，如果他不为自己利益虚名，专替社会国家谋利益，那么国家便可立致太平。若专为自己打算，我希望他读书少点，才具小点才好，否则读书愈多，谈什么问题，什么主义，则为恶之本领越大，将祸国不知伊于胡底了！

◎ 梁启超题阳明先生语

凡人言語到快意時便截然能忍
黙得意氣正發揚便翕然能收歛
得嗜欲憤怒正當騰沸時便廓然
能消化得此非天下之大勇者不
能也然良知見得親切時其工夫
又自不難

修極仁弟負笈滋外瀕行乞贈言爲書
陽明先生語一則 丁卯夏 梁啟超

犹之农夫种田，种的是稻和麦，灌溉培养，可成嘉禾；如种的是莠类，加肥料，勤耕耘，所收获终为莠类。前贤说得好："种瓜得瓜，种豆得豆"，这是丝毫不爽的。所以陆王主张澄清本源，然后再作学问才好，一方面与西洋实验派相近，一方面又主张非功利，这是有西洋学派之长而无其短的明征。

（四）求自由。非功利，"无我"，似乎专于为人，孰知却又不然。可以说，完全是为自己，是为自己求得绝对的自由，不过非一般人所谓自私自利罢了。也可以说，一般人不善自私自利陆王乃知大自私自利的。孔子曰："克己复礼"，又曰："古之学者为己"，这两句话，表面看来，显然是矛盾的，其实严格解释起来，仍然是一贯的。一日阳明弟子问曰："弟子只知躯壳的小己，不知精神的大己"，阳明诘之，复曰："口要食美味，目要看好色"，故云："躯壳是不是自己？食为舌，舌是不是自己的？"凡食一物，口中觉得滋味很好，如良心以为不应该吃，这时谁的痛苦大？对得住口，不过几秒钟的快乐；对不住良心，是永久的痛苦。双方打算，还是对得住良心的好！所以我们良心，要不受束缚，要求得绝对的自由。但良心自由，是不容易得到的，身体受束缚，可由外力代为解放。如美国黑奴，有林肯来替他解放。我自己的精神，作了自己躯壳的奴隶，非自己解放自己，就一天到晚，一生到老，都在痛苦之中，莫由自拔。陆王学派，就是从沉沦苦海里自救出来，对内求良心绝对自由，不作躯壳的奴隶；对外不受环境的压迫和恶化。无论环境如何引诱，总持以宁静淡泊，寂然不动；因为得到绝对自由，所以同时也得到绝对的快乐。孟子曰："死亦我所恶，所恶有甚于死者。"譬如一碗饭，得之则生，弗得则死。但是有时候权衡轻重，死比食还要快活，这时就不能不死。我们看看明末死节诸臣，是何等从容自得！那些苟全性命的，觍颜人世，人家对他批评怎样姑且不问，我看他们精神上真不知受了怎样的痛苦！如钱牧斋、吴梅村者流，便是一个适例。这种大不自由，就功利方面计算起来，未免太不经济，横竖早晚都是死，何必苟活几年，甘受精神上的痛苦呢？所以陆王一派学者，不作自己奴隶，不受环境压迫，结果得到大自在，大安乐，独往独来，此心常放在极逍遥安乐地方，生固快活，死亦安慰，生死无所容心，抑何往而不自得！以此证明孔子"克己""为己"之说，不但不相冲突，并且彼此相得益彰，这是陆王给我们修养上最简捷最完美的方法。我不敢说我在东兴楼吃过一回菜，不过在旁边尝一尝他的滋味罢了，希望我们同学大家努力尝尝这个滋味才好！

陆王派的学问，在我国有清二百年间，一被经学压迫，再被程朱派压迫，日就衰微。东邻日本，反盛行此学，明治维新的豪杰，都是得力于陆王派的学者，陆王也可以说是日本建国的功臣，他学问效力的伟大，从此可见一斑。我们本国嗣裔，反未沐其膏泽，未免可惜。俗谚有云："物极必反。"现在正当物质枯燥，人心烦闷的时期，或许是陆王学术复活的时机罢？再谈到我们储才馆的设立，完全是预备养成治外法权的人物。要负担这种责任，谈何容易，非大家同心僇力，最少非有五十人抖擞精神，能够实地作事不可。然能养成作事的能力，书本子上的学问，固属紧要；精神修养，尤不可忽。然精神人格修养的方法，又只有陆王学派最简捷最美满最有效验。所以我今天首向同学介绍陆王派学术的梗概。

本文为一九二七年二月五日在司法储才馆讲演稿

原载一九二七年《司法储才馆季刊》第一期

教育家的自家田地

今天在座诸君，多半是现在的教育家或是将来要在教育界立身的人。我想把教育这门职业的特别好处，和怎样的自己受用法，向诸君说说。所以题目叫做"教育家的自己田地"。

孔子屡次自白，说自己没有别的过人之处，不过是"学而不厌，诲人不倦"。他的门生公西华听了这两句话便赞叹道："正惟弟子不能及也。"我们从小就读这章书，都以为两句平淡无奇的话，何以见得便是一般人所不能及呢？我年来积些经验，把这章书越读越有味，觉得：学不难，不厌却难；诲人不难，不倦却难。孔子特别过人处和他一生受用处，的确就在这两句话。

不厌不倦，是孔子人生哲学第一要件。"子路问政，……请益，子曰：毋倦。""子张问政，子曰：居之无倦，行之以忠。"《易经》第一个卦孔子做的象辞说："天行健，君子以自强不息。"你看他只是教人对于自己的职业忠实做去，不要厌倦，要像天体运行一般，片刻不停。为什么如此说呢？因为依孔子的观察，生命即是活动，活动即是生命。活动停止，便是生命停止。然而活动要有原动力——像机器里头的蒸汽。人类活动的蒸汽在那里呢? 全在各人自己心理作用。——对于自己所活动的对境感觉趣味。用积极的话语来表他, 便是"乐", 用消极的话语来表他, 便是"不厌不倦"。

厌倦是人生第一件罪恶, 也是人生第一件苦痛。厌倦是一种想脱离活动的心理现象。换一句话说, 就是不愿意劳作。你想, 一个人不是上帝特制出来充当消化面包的机器, 可以一天不劳作吗? 只要稍为动一动不愿意劳作的念头, 便是万恶渊薮。一面劳作, 一面不愿意, 拿孔子的话翻过来说: "居之倦则行之必不能以忠。"不忠实的劳作, 不惟消失了劳作效率, 而且可以生出无穷弊害, 所以说厌倦是人生第一件罪恶。换个方面看, 无论何等人, 总要靠劳作来维持自己生命, 任凭你怎样的不愿意, 劳作到底免不掉。免是免不掉, 愿是不愿意, 天天绉着眉哭着脸去做那不愿做的苦工, 岂不是活活的把自己关在第十八层地狱? 所以说厌倦是人生第一件苦痛。

诸君听我这番话, 谅来都承认不厌倦是做人第一要件了。但怎么样才能做到呢? 厌倦是一种心理现象, 然而心理却最是不可捉摸的东西。天天自己劝自己说不要厌呀, 不要倦呀, 他真是厌倦起来, 连自己也没有法想。根本救治法, 要从自己劳作中看出快乐——看得像雪一般亮, 信得像铁一般坚。那么, 自然会兴会淋漓的劳作去, 停一会都受不得, 那里还会厌倦? 再拿孔子的话来说, "知之者不如好之者, 好之者不如乐之者"。一个人对于自己劳作的对境, 能够"好之乐之", 自然会把厌倦根子永断了。从劳作中得着快乐, 这种快乐, 别人要帮也帮不来, 要抢也抢不去, 我起他一个名叫做"自己田地"。

无论做何种职业的人, 都各各有他的自己田地。但要问那一块田地最广最大最丰富, 我想再没有能比得上教育家的了。教育家日日做的终身做的不外两件事, 一是学, 二是诲人。学是自利, 诲人是利他。人生活动目的，除却自利、利他两项外更有何事？然而操别的职业的人，往往这两件事当场冲突——利得他人便不利自己，利得自己便不利他人。就令不冲突，然而一种活动同时具备这两方面效率者，实在不多。教育这门职业却不然，一面诲人，一面便是学；一面学，一面便拿来诲人。两件事并作一件做，形成一种自利利他不可分的活动。对于人生目的之实现，再没有比这种职业更为接近，更为直捷的了。

学是多么快活啊！小孩子初初学会走，他那一种得意神情，真是不可以言语形容。我们当学生时代——不问小学到大学，每天总新懂得些从前不懂的道理，总新学会做些从前不会做的事，便觉得自己生命内容日日扩大，天下再愉快的事没有了。出到社会做事之后，论理，人人都有求智识的欲望，谁亦不愿意继续学些新学问？无奈所操职业，或者与学问性质不相容，只好为别的事情把这部分欲望牺牲掉了。这种境况，别人不知如何，单就我自己讲，也曾经过许多回，每回都觉得无限苦痛。人类生理、心理的本能，凡那部分久废不用，自然会渐趋麻木。许久不做学问的人，把学问的胃口弄弱了，便许多智识界的美味在前也吃不进去，人生幸福，算是剥夺了一大半。教育家呢，他那职业的性质，本来是拿学问做本钱，他赚来的利钱也都是学问。他日日立于不能不做学问的地位，把好学的本能充分刺戟。他每日所劳作的工夫，件件都反影到学问，所以他的学问只有往前进，没有往后退。试看，古今中外学术上的发明，一百件中至少有九十件成于教育家之手。为什么呢？因为学问就是他的本业。诸君啊！须知发明无分大小，发明地球绕日原理固算发明，发明一种教小孩子游戏方法也算发明。教育家日日把他所做的学问传授给别人，当其传授时候，日日积有新经验。我信得过，只要肯用心，发明总是不断。试想，自己发明一种新事理，这个快活还了得，恐怕真是古人说的"南面王无以易"哩！就令暂时没有发明，然而能够日日与学问相亲，吸受新知来营养自己智识的食胃，也是人生最幸福的生活。这种生活，除了教育家，恐怕没有充分享受的机会吧？

诲人又是多么快活啊！自己手种一丛花卉，看着他发芽，看着他长叶，看着他含蕾，看着他开花，天天生态不同，多加一分培养工夫，便立刻有一分效验呈现。教学生正是这样。学生变化的可能性极大，你想教他怎么样，自然会怎么样，只要指一条路给他，他自然会往前跑，他跑的速率，常常出你意外。他们天真烂漫，你有多少情分到他，他自然有多少情分到你，只有加多，断无减少。——有人说：学校里常常闹风潮，赶教习，学生们真是难揽。我说：教习要闹到被学生赶，当然只有教习的错处，没有学生的错处。总是教习先行失了信用，或是品行可议，或是对学生不亲切，或是学问交代不下，不然，断没有被赶之理。因为凡学生都迷信自己的先生，算是人类通性，先生把被迷信的资格丧掉，全由自取，不能责备学生。——教学生是只有赚钱，不会蚀本的买卖。做官吗，做生意吗，自己一相情愿要得如何如何的结果，多半不能得到，有时还和自己所打的算盘走个正反对。教学生绝对不至有这种事，只有所得结果超过你原来的希望。别的事业，拿东西给了人便成了自己的损失，教学生绝不含有这种性质，正是老子说的："既以为人己愈有，既以与人己愈多。"越发把东西给人给得多，自己得的好处越发大。这种便宜勾当，算是被教育家占尽了。

自古相传的一句通行话："人生行乐耳。"这句话倘若解释错了应用错了，固然会生出许多毛病，但这句话的本质并没有错，而且含有绝对的真理。试问人生不该以快乐为目的，难道该以苦痛为目的吗？但什么叫做"快乐"，不能不加以说明。第一，要继续的快乐，若每日挨许多时候苦才得一会的乐，便不算继续。第二，要彻底的快乐，若现在快乐伏下将来苦痛根子，便不算彻底。第三，要圆满的快乐，若拿别人的苦痛来换自己的快乐，便不算圆满。教育家特别便宜处，第一，快乐就藏在职业的本身，不必等到做完职业之后找别的事消遣才有快乐，所以能继续。第二，这种快乐任凭你尽量享用不会生出后患，所以能彻底。第三，拿被教育人的快乐来助成自己的快乐，所以能圆满。乐哉教育！乐哉教育！

东边邻舍张老三，前年去当兵，去年做旅长，今年做师长，买了几多座洋房，讨了几多位姨太太；西边邻舍李老四，前年去做议员，去年做次长，今年做总长，天天燕窝鱼翅请客，出门一步都坐汽车。我们当教育家的，中学吗，百来块钱薪水，小学呢，十来二十块。每天上堂要上几点钟，讲得不好还要挨骂，回家来吃饭只能吃个半饱。苦哉教育！苦哉教育！不错，从物质生活看来，他们真是乐，我们真是苦了。但我们要想一想：人类生活，只有物质方面完事吗？燕窝鱼翅，或者真比粗茶淡饭好吃，吃的时候果然也快活，但快活的不是我，是我的舌头；我操多少心弄把戏，还带着将来担惊受怕，来替这两寸来大的舌头当奴才，换他一两秒钟的快活，值得吗？绫罗绸缎挂在我身上，和粗布破袍有什么分别？不过旁人看着漂亮些；这是图我快活呀，还是图旁人快活呢？须知凡物质上快活，性质都是如此。这种快活，其实和自己渺不相干，自己只有赔上许多苦恼。我们真相信"行乐主义"的人，就要求精神上的快活。孔子的"饭疏食饮水，曲肱而枕之，乐亦在其中"，颜子的"一箪食，一瓢饮，在陋巷……不改其乐"，并非骗人的话，也并不带一毫勉强，他们住在"教育快活林"里头，精神上正在高兴到了不得，那些舌头和旁人眼睛的顽意儿，他们有闲工夫管到吗？诸君啊！这个快活林正是你自己所有的财产，千万别要辜负了。

说是这样说，但是"知之非艰，行之惟艰"，厌倦的心理，仍不时袭击我们，抵抗不过，便被他征服。不然，何至公西华说"不能及"呢？我如今再告诉诸君一个切实防卫方法：你想诲人不倦吗？只要学不厌，自然会诲人不倦。一点新学说都不讲求，拿着几年前商务印书馆编的教科书上堂背诵一遍完事，今日如此，明日也如此，今年如此，明年也如此，学生们听着个个打盹，先生如何能不倦？当先生的常常拿"和学生赛跑"的精神去做学问，教那一门功课，教一回自己务要得一回进步，天天有新教材，年年有新教法，怎么还会倦？你想学不厌吗？只要诲人不倦，自然会学不厌。把功课当作无可奈何的敷衍，学生听着有没有趣味有没有长进一概不管，那么当然可以不消自己更求什么学问。既已把诲人当作一件正经事，拿出良心去干，那么，古人说的："教然后知困"，一定会发见出自己十几年前在师范学校里听的几本陈腐讲义不够用，非拚命求新学问，对付不来了，怎么还会厌？还有一个更简便的法子：只要你日日学，自然不厌；只要你日日诲人，自然不倦。趣味这样东西，总是愈引愈深，最怕是尝不着甜头，尝着了一定不能自已。像我们不会打球的人，看见学生们大热天打得满身臭汗，真不知道他所为何来。只要你接连打了一个月，怕你不上瘾？所以真肯学的人自然不厌，真肯诲人的人自然不倦。这又可以把孔子的话颠倒过来说：总要"行之以忠"，当然会"居之无倦"了。

　　诸君都是有大好田地的人，我希望再不要"舍其田而芸人之田"。好好的将自己田地打理出来，便一生受用不尽。

一九二二年八月五日为东南大学暑期学校学员讲演

选自《梁任公学术讲演集》（商务印书馆一九二二年版）

趣味教育与教育趣味

一

假如有人问我："你信仰的甚么主义？"我便答道："我信仰的是趣味主义。"有人问我："你的人生观拿什么做根柢？"我便答道："拿趣味做根柢。"我生平对于自己所做的事，总是做得津津有味，而且兴会淋漓；什么悲观咧厌世咧这种字面，我所用的字典里头，可以说完全没有。我所做的事，常常失败——严格的可以说没有一件不失败——然而我总是一面失败一面做；因为我不但在成功里头感觉趣味，就在失败里头也感觉趣味。我每天除了睡觉外，没有一分钟一秒钟不是积极的活动；然而我绝不觉得疲倦，而且很少生病；因为我每天的活动有趣得很，精神上的快乐，补得过物质上的消耗而有余。

趣味的反面，是干瘪，是萧索。晋朝有位殷仲文，晚年常郁郁不乐，指着院子里头的大槐树叹气，说道："此树婆娑，生意尽矣。"一棵新栽的树，欣欣向荣，何等可爱！到老了之后，表面上虽然很婆娑，骨子里生意已尽，算是这一期的生活完结了。殷仲文这两句话，是用很好的文学技能，表出那种颓唐落寞的情绪。我以为这种情绪，是再坏没有的了；无论一个人或一个社会，倘若被这种情绪侵入弥漫，这个人或这个社会算是完了，再不会有长进。何止没长进？什么坏事，都要从此产育出来。总而言之，趣味是活动的源泉，趣味干竭，活动便跟着停止。好像机器房里没有燃料，发不出蒸汽来，任凭你多大的机器，总要停摆。停摆过后，机器还要生锈，产生许多毒害的物质哩！人类若到把趣味丧失掉的时候，老实说，便是生活得不耐烦，那人虽然勉强留在世间，也不过行尸走肉。倘若全个社会如此，那社会便是痨病的社会，早已被医生宣告死刑。

二

"趣味教育"这个名词，并不是我所创造，近代欧美教育界早已通行了。但他们还是拿趣味当手段，我想进一步，拿趣味当目的。请简单说一说我的意见：

第一，趣味是生活的原动力，趣味丧掉，生活便成了无意义，这是不错。但趣味的性质，不见得都是好的；譬如好嫖好赌，何尝不是趣味？但从教育的眼光看来，这种趣味的性质，当然是不好。所谓好不好，并不必拿严酷的道德论做标准；既已主张趣味，便要求趣味的贯彻，倘若以有趣始以没趣终，那么趣味主义的精神，算完全崩落了。《世说新语》记一段故事："祖约性好钱，阮孚性好屐，世未判其得失；有诣约，见正料量财物，客至屏当不尽，余两小簏，以著背后，倾身障之，意未能平；诣孚，正见自蜡屐；因叹曰：'未知一生当着几炳屐。'意甚闲畅；于是优劣始分。"这段话，很可以作为选择趣味的标准。凡一种趣味事项，倘或是要瞒人的，或是拿别人的苦痛换自己的快乐，或是快乐和烦恼相间相续的，这等

统名为下等趣味。严格说起来，他就根本不能做趣味的主体；因为认这类事当趣味的人，常常遇着败兴，而且结果必至于俗语说的"没兴一齐来"而后已，所以我们讲趣味主义的人，绝不承认此等为趣味。人生在幼年青年期，趣味是最浓的，成天价乱碰乱迸；若不引他到高等趣味的路上，他们便非流入下等趣味不可。没有受过教育的人，固然容易如此；教育教得不如法，学生在学校里头找不出趣味，然而他们的趣味是压不住的，自然会从校课以外乃至校课反对的方向去找他的下等趣味；结果，他们的趣味是不能贯彻的，整个变成没趣的人生完事。我们主张趣味教育的人，是要趁儿童或青年趣味正浓而方向未决定的时候，给他们一种可以终身受用的趣味。这种教育办得圆满，能彀令全社会整个永久是有趣的。

第二，既然如此，那么教育的方法，自然也跟着解决了。教育家无论多大能力，总不能把某种学问教通了学生，只能令受教的学生当着某种学问的趣味，或者学生对于某种学问原有趣味，教育家把他加深加厚。所以教育事业，从积极方面说，全在唤起趣味；从消极方面说，要十分注意不可以摧残趣味。摧残趣味有几条路：头一件是注射式的教育：教师把课本里头的东西叫学生强记；好像嚼饭给小孩子吃，那饭已经是一点儿滋味没有了；还要叫他照样的嚼几口，仍旧吐出来看；那么，假令我是个小孩子，当然会认吃饭是一件苦不可言的事了。这种教育法，从前教八股完全是如此，现在学校里形式虽变，精神却还是大同小异，这样教下去，只怕永远教不出人才来。第二件是课目太多：为培养常识起见，学堂课目固然不能太少；为恢复疲劳起见，每日的课目固然不能不参错掉换。但这种理论，只能为程度的适用；若用得过分，毛病便会发生。趣味的性质，是越引越深。想引得深，总要时间和精力比较的集中才可。若在一个时期内，同时做十来种的功课，走马看花，应接不暇，初时或者惹起多方面的趣味，结果任何方面的趣味都不能养成。那么，教育效率，可以等于零；

为什么呢? 因为受教育受了好些时, 件件都是在大门口一望便了, 完全和自己的生活不发生关系, 这教育不是白费吗?

第三件是拿教育的事项当手段: 从前我们学八股, 大家有句通行话说他是敲门砖, 门敲开了自然把砖也抛却, 再不会有人和那块砖头发生起恋爱来。我们若是拿学问当作敲门砖看待, 断乎不能有深入而且持久的趣味。我们为什么学数学, 因为数学有趣所以学数学; 为什么学历史, 因为历史有趣所以学历史; 为什么学画画, 学打球, 因为画画有趣打球有趣所以学画画学打球。人生的状态, 本来是如此, 教育的最大效能, 也只是如此。各人选择他趣味最浓的事项做职业, 自然一切劳作, 都是目的, 不是手段, 越劳作越发有趣。反过来, 若是学法政用来作做官的手段, 官做不成怎么样呢? 学经济用来做发财的手段, 财发不成怎么样呢? 结果必至于把趣味完全送掉。所以教育家最要紧教学生知道是为学问而学问, 为活动而活动; 所有学问, 所有活动, 都是目的, 不是手段, 学生能领会得这个见解, 他的趣味, 自然终身不衰了。

三

以上所说, 是我主张趣味教育的要旨。既然如此, 那么在教育界立身的人, 应该以教育为唯一的趣味, 更不消说了。一个人若是在教育上不感觉有趣味, 我劝他立刻改行, 何必在此受苦? 既已打算拿教育做职业, 便要认真享乐, 不辜负了这里头的妙味。

孟子说"君子有三乐, 而王天下不与存焉", 那第三种就是"得天下英才而教育之"; 他的意思是说教育家比皇帝还要快乐。他这话绝不是替教育家吹空气, 实际情形, 确是如此。我常想: 我们对于自然界的趣味, 莫过于种花; 自然界的美, 像山水风月等等, 虽然能移我情, 但我和他没有特殊密切的关系，他的美妙处，我有时便领略不出；我自己手种的花，他的生命和我的生命简直并合为一；所以我对着他，有说不出来的无上妙味。凡人工所做的事，那失败和成功的程度都不能预料；独有种花，你只要用一分心力，自然有一分效果还你，而且效果是日日不同，一日比一日进步。教育事业正和种花一样：教育者与被教育者的生命是并合为一的；教育者所用的心力，真是俗语说的"一分钱一分货"，丝毫不会枉费；所以我们要选择趣味最真而最长的职业，再没有别样比得上教育。

现在的中国，政治方面，经济方面，没有那件说起来不令人头痛；但回到我们教育的本行，便有一条光明大路，摆在我们前面。从前国家托命，靠一个皇帝，皇帝不行，就望太子；所以许多政论家——像贾长沙一流都最注重太子的教育。如今国家托命是在人民，现在的人民不行，就望将来的人民；现在学校里的儿童青年，个个都是"太子"，教育家便是"太子太傅"。据我看：我们这一代的太子，真是"富于春秋典学光明"，这些当太傅的，只要"鞠躬尽瘁"，好生把他培养出来，不愁不眼见中兴大业。所以别方面的趣味，或者难得保持，因为到处挂着"此路不通"的牌子，容易把人的兴头打断；教育家却全然不受这种限制。

教育家还有一种特别便宜的事，因为"教学相长"的关系，教人和自己研究学问是分离不开的：自己对于自己所好的学问，能有机会终身研究，是人生最快乐的事，这种快乐，也是绝对自由，一点不受恶社会的限制。做别的职业的人，虽然未尝不可以研究学问，但学问总成了副业了；从事教育职业的人，一面教育，一面学问，两件事完全打成一片。所以别的职业是一重趣味，教育家是两重趣味。

孔子屡屡说："学而不厌，诲人不倦"，他的门生赞美他说："正唯弟子不能及也。"一个人谁也不学，谁也不诲人，所难者确在不厌不倦。问他为什么能不厌不倦呢？只是领略得个中趣味，当然不能自已。你想：一面学，一面诲人，人也教得进步了，自己所好的学问也进步了，天下还有比他再快活的事吗？人生在世数十年，终不能一刻不活动，别的活动，都不免常常陷在烦恼里头，独有好学和好诲人，真是可以无入而不自得，若真能在这里得了趣味，还会厌吗？还会倦吗？孔子又说："知之者不如好之者，好之者不如乐之者。"诸君都是在教育界立身的人，我希望更从教育的可好可乐之点，切实体验，那么，不惟诸君本身得无限受用，我们全教育界也增加许多活气了。

一九二二年四月十日在直隶教育联合研究会的演讲

选自《梁任公学术讲演集》（商务印书馆一九二二年版）

大家

东南大学课毕告别辞

　　诸君，我在这边讲学半年，大家朝夕在一块儿相处，我很觉得快乐。并且因为我任有一定的功课，也催逼着我把这部十万余言的《先秦政治思想史》著成，不然，恐怕要等到十年或十余年之后。中间不幸身体染有小病，即今还未十分复原，我常常恐怕不能完课，如今幸得讲完了。这半年以来，听讲的诸君，无论是正式选课或是旁听，都是始终不曾旷课，可以证明诸君对于我所讲有十分兴味。今当分别，彼此实在很觉得依恋难舍，因为着我们这半年来，彼此人格上的交感不少。最可惜者，因为时间短促，以致仅有片面的讲授，没有相互的讨论，所谓"教学相长"，未能如愿做到。今天为这回最末的一次讲演，当作与诸君告别之辞。

　　诸君千万不要误解，说梁某人是到这边来贩卖知识。我自计知识之能贡献于诸君者实少。知识之为物，实在是无量的广漠，谁也不能说他能给谁以绝对不易的知识，顶多，亦只承认他有相对的价值。即如讲奈端罢，从前总算是众口同词的认为可靠，但是现在，安斯坦又几乎完全将他推倒。专门的知识，尚且如此，何况像我这种泛滥杂博的人并没有一种专门名家的学问呢？所以切盼诸君，不要说我有一艺之长，讲的话便句句可靠。最多，我想，亦只叫诸君知道我自己做学问的方法。譬如诸君看书，平素或多忽略不经意的地方，必要寻着这个做学问的方法，乃能事半功倍。真正做学问，乃是找着方法去自求，不是仅看人家研究所得的结果。因为人家研究所得的结果，终是人家的，况且所得的，也未必都对。讲到此处，我有一个笑话告诉诸君。记得在某一本小说里，说："吕纯阳下山觅人传道，又不晓得谁是可传，他就设法来试验。有一次，在某地方，遇着一个人，吕纯阳登时将手一指，点石成金，就问那个人要否？那人只摇着头，说不要。吕纯阳再点一块大的试他，那人仍是不为所动。吕纯阳心里便十分欢喜，以为道有可传的人了，但是还恐怕靠不住，再以更大的金块试他，那人果然仍是不要。吕纯阳便问他不要的原因，满心承望他答覆一个热心向道。那晓得那人不然，他说：我不要你点成了的金块，我是要你那点金的指头，盖有了这只指头，便可以自由点用。"这虽是个笑话，但却很有意思。所以很盼诸君，要得着这个点石成金的指头——做学的方法，那么，以后才可以自由探讨，并可以辨正师傅的是否。教拳术的教师最少要希望徒弟能与他对敌，学者亦当悬此为鹄，最好是要青出于蓝而胜于蓝。若仅仅是看前人研究所得，而不自行探讨，那么，得一便不能知其二。且取法乎上，得仅在中，这样学术，岂不是要一天退化一天吗？人类知识进步，乃是要后人超过前人。后人应用前人的治学方法，而复从旧方法中，开发出新方法来，方法一天一天的增多，便一天一天的改善，拿着改善的新方法去治学，自然会优于前代。我个人的治学方法，或可以说是不错，我自己应用来也有些成效，可惜这次全部书中所说的，仍为知识的居多，还未谈做学的方法。倘若诸君细心去看，也可以寻找得出来，既经找出，再循着这方法做去，或者更能发现我的错误，或是来批评我，那就是我最欢喜的。

我今天演讲，不是关于知识方面的问题，诚然，知识在人生地位上，也是非常紧要，我从来并未将他看轻。不过，若是偏重知识，而轻忽其他人生重要之部，也是不行的。现在中国的学校，简直可说是贩卖知识的杂货店，文哲工商，各有经理一般，来求学的，也完全以顾客自命。固然欧美也同坐此病，不过病的深浅，略有不同。我以为长此以往，一定会发生不好的现象。中国现今政治上的窳败，何尝不是前二十年教育不良的结果。盖二十年前的教育，全采用日德的军队式，并且仅能袭取皮毛，以至造成今日一般无自动能力的人。现在哩，教育是完全换了路了，美国式代日式德式而兴，不出数年，我敢说是全部要变成美国化，或许我们这里——东南大学——就是推行美化的大本营。美国式的教育，诚然是比德国式日本式的好，但是毛病还很多，不是我们理想之鹄。英人罗素回国后，颇艳称中国的文化，发表的文字很多，他非常盼望我们这占全人类四分之一的特殊民族，不要变成了美国的"丑化"。这一点可说是他看得很清楚。美国人切实敏捷，诚然是他们的长处，但是中国人即使全部将他移植过来，使纯粹变成了一个东方的美国，漫讲没有这种可能，即能，我不知道诸君怎样，我是不愿的。因为倘若果然如此，那真是罗素所说的，把这有特质的民族，变成了丑化了。我们看得很清楚，今后的世界，决非美国式的教育所能域领。现在多数美国的青年，而且是好的青年，所作何事？不过是一生到死，急急忙忙的，不任一件事放过：忙进学校，忙上课，忙考试，忙升学，忙毕业，忙得文凭，忙谋事，忙花钱，忙快乐，忙恋爱，忙结婚，忙养儿女，还有最后一忙——忙死。他们的少数学者，如詹姆士之流，固然总想为他们别开生面，但是大部份已经是积重难返。像在这种人生观底下过活，那么，千千万万人，前脚接后脚的来这世界上走一趟，住几十年，干些什么哩？唯一无二的目的，岂不是来做消耗面包的机器吗？或是怕那宇宙间的物质运动的大轮子，缺了发动力，特自来供给他燃料？果真这样，人生还有一毫意味吗？人类还有一毫价值吗？现在全世界的青年，都因此无限的凄惶失望。知识愈多，沉闷愈苦，中国的青年，尤为利害。因为政治社会不安宁，家国之累，较他人为极，环顾宇内，精神无可寄托。从前西人唯一维系内心之具，厥为基督教，但是科学昌明后，第一个致命伤，便是宗教。从前在苦无可诉的时候，还得远远望着冥冥的天堂。现在呢，知道了，人类不是什么上帝创造，天堂更渺不可凭。这种宗教的醉麻剂，已是无法存在。讲到哲学吗，西方的哲人，素来只是高谈玄妙，不得真际，所足恃为人类安身立命之具，也是没有。再如讲到文学吗，似乎应该少可藉慰，但是欧美现代的文学，完全是刺戟品，不过叫人稍醒麻木，但一切耳目口鼻所接，都足陷人于疲敝，刺戟一次，疲麻的程度又增加一次；如吃辣椒然，寖假而使舌端麻木到极点，势非取用极辣的胡椒来刺戟不可。这种刺戟的功用，简直如有烟癖的人，把鸦片或吗啡提精神一般。虽精神或可暂时振起，但是这种精神，不是鸦片和吗啡带得来的，是预支将来的精神。所以说一次预支，一回减少；一番刺戟，一度疲麻。现在他们的文学，只有短篇的最合胃口，小诗两句或三句，戏剧要独幕的好。至于荷马、但丁、屈原、宋玉，那种长篇的作品，可说是不曾理会。因为他们碌碌于舟车中，时间来不及，目的只不过取那种片时的刺戟，大大小小，都陷于这种病的状态中，所以他们一般有先见的人，都在遑遑求所以疗治之法。我们把这看了，那么，虽说我们在学校应求西学，而取舍自当有择，若是不问好歹，无条件的移植过来，岂非人家饮鸩，你也随着服毒，可怜可笑孰甚！

近来国中青年界很习闻的一句话，就是"智识饥荒"，却不晓得还有一个顶要紧的"精神饥荒"在那边。中国这种饥荒，都闹到极点，但是只要我们知道饥荒所在，自可想方法来补救。现在精神饥荒，闹到如此，而人多不自知，岂非危险？一般教导者，也不注意在这方面提倡，只天天设法怎样将知识去装青年的脑袋子，不知道精神生活完全，而后多的知识才是有用。苟无精神生活的人，为社会计，为个人计，都是知识少装一点为好。因为无精神生活的人，知识愈多，痛苦愈甚，作歹事的本领也增多。例如黄包车夫，知识粗浅，他决没有有知识的青年这样的烦闷，并且作恶的机会也很少。大奸慝的卖国贼，都是智识阶级的人做的。由此可见没有精神生活的人，知识实在危险。盖人苟无安身立命之具，生活便无所指归，生理心理，并呈病态。试略分别言之：就生理言，阳刚者必至发狂自杀，阴柔者自委靡沉疾；再就心理言，阳刚者便悍然无顾，充分的恣求物质上的享乐，然而欲望与物质的增加率，相竞腾升，故虽妻妾宫室之奉，仍不觉得快乐；阴柔者便日趋消极，成了一个竞争场上落伍的人，凄惶失望，更为痛苦。故谓精神生活不全，为社会，为个人，都是知识少点的为好。因此我可以说为学的首要，是救精神饥荒。

救济精神饥荒的方法，我认为东方的——中国与印度——比较最好。东方的学问，以精神为出发点；西方的学问，以物质为出发点。救知识饥荒，在西方找材料；救精神饥荒，在东方找材料。东方的人生观，无论中国、印度，皆认物质生活为第二位，第一，就是精神生活。物质生活，仅视为补助精神生活的一种工具，求能保持肉体生存为已足，最要，在求精神生活的绝对自由。精神生活，贵能对物质界宣告独立，至少，要不受其牵掣。如吃珍味，全是献媚于舌，并非精神上的需要，劳苦许久，仅为一寸软肉的奴隶，此即精神不自由。以身体全部论，吃面包亦何尝不可以饱？甘为肉体的奴隶，即精神为所束缚，必能不承认舌——一寸软肉为我，方为精神独立。东方的学问道德，几全部是教人如何方能将精神生活对客观的物质或己身的肉体宣告独立，佛家所谓解脱，近日所谓解放，亦即此意。客观物质的解放尚易，最难的为自身——耳目口鼻……的解放。西方言解放，尚不及此，所以就东方先哲的眼光看去，可以说是浅薄的，不彻底的。东方的主要精神，即精神生活的绝对自由。

求精神生活绝对自由的方法，中国、印度不同。印度有大乘、小乘不同，中国有儒、墨、道各家不同。就讲儒家，又有孟、荀、朱、陆的不同，任各人性质机缘之异，而各择一条路走去。所以具体的方法，很难讲出，且我用的方法，也未见真是对的，更不能强诸君从同。但我自觉烦闷时少，自二十余岁到现在，不敢说精神已解脱，然所以烦闷少，也是靠此一条路，以为精神上的安慰。至于先哲教人救济精神饥荒的方法，约有两条：（一）裁抑物质生活，使不得猖獗，然后保持精神生活的圆满；如先平盗贼，然后组织强固的政府。印度小乘教，即用此法；中国墨家、道家的大部，以及儒家程朱，皆是如此。以程朱为例，他们说的持敬制欲，注重在应事接物上裁抑物质生活，以求达精神自由的境域。（二）先立高尚美满的人生观，自己认清楚将精神生活确定，靠其势力以压抑物质生活。如此，不必细心检点，用拘谨功夫，自能达到精神生活绝对自由的目的。此法可为积极的，即孟子说："先立乎其大者，则其小者不能夺也。"不主张一件一件去对付，且不必如此。先组织强固的政府，则地方自安，即有小丑跳梁，不必去管，自会消灭；如雪花飞近大火，早已自化了。此法佛家大乘教，儒家孟子、陆王皆用之，所谓"浩然之气"，即是此意。

以上二法，我不过介绍与诸君，并非主张诸君一定要取某种方法。两种方法虽异，而认清精神要解脱这一点却同。不过说青年时代应用的，现代所适用的，我以为采积极的方法较好，就是先立定美满的人生观，然后应用之以处世。至于如何的人生观方为美满，我却不敢说。因为我的人生观，未见得真是对的，恐怕能认清最美满的人生观，只有孔子、释迦牟尼有此功夫。我现在将我的人生观讲一讲，对不对，好不好，另为一问题。

我自己的人生观，可以说是从佛经及儒书中领略得来。我确信儒家、佛家有两大相同点：

（一）宇宙是不圆满的，正在创造之中，待人类去努力，所以天天流动不息，常为缺陷，常为未济。若是先已造成——既济的，那就死了，固定了，正因其在创造中，乃如儿童时代，生理上时时变化，这种变化，即人类之努力；除人类活动以外，无所谓宇宙。现在的宇宙，离光明处还远，不过走一步比前好一步，想立刻圆满，不会有的，最好的境域——天堂，大同，极乐世界——不知在几千万年之后，决非我们几十年生命所能做到的。能了解此理，则作事自觉快慰。以前为个人、为社会做事，不成功或做坏了，常感烦闷；明乎此，知做事不成功，是不足忧的。世界离光明尚远，在人类努力中，或偶有退步，不过是一现相。譬如登山，虽有时下，但以全部看仍是向上走。青年人烦闷，多因希望太过，知政治之不良，以为经一次改革，即行完满，及屡试而仍有缺陷，于是不免失望。不知宇宙的缺陷正多，岂是一步可升天的？失望之因，即根据于奢望过甚。《易经》说："乐则行之，忧则违之，确乎其不可拔。"此言甚精采。人要能如此看，方知人生不能不活动，而有活动，却不必往结果处想，最要不可有奢望。我相信孔子即是此人生观，所以"发愤忘食，乐以忘忧，不知老之将至"。他又说："智者乐水，仁者乐山；智者动，仁者静；智者乐，仁者寿。"天天快活，无一点烦闷气象，这是一件最重要的事。

（二）人不能单独存在，说世界上那一部分是我，很不对的，所以孔子"毋我"，佛家亦主张"无我"。所谓无我，并不是将固有的我压下或抛弃，乃根本就找不出我来。如说几十斤的肉体是我，那么，科学发明，证明我身体上的原质，也在诸君身上，也在树身上；如说精神的某部分是我，我敢说今天我讲演，我已跑入诸君精神里去了，常住学校中许多精神，变为我的一部分。读孔子的书及佛经，孔、佛的精神，又有许多变为我的一部分。再就社会方面说，我与我的父母妻子，究竟有若干区别，许多人——不必尽是纯孝——看父母比自己还重要，此即我父母将我身之我压小。又如夫妇之爱，有妻视其夫，或夫视其妻，比己身更重的。然而何为我呢？男子为我，抑女子为我，实不易分，故彻底认清我之界限，是不可能的事。（此理佛家讲得最精，惜不能多说。）世界上本无我之存在，能体会此意，则自己作事，成败得失，根本没有。佛说："有一众生不成佛，我不成佛。""我不入地狱，谁入地狱？"至理名言，洞若观火。孔子也说："诚者非但诚己而已也。……"将为我的私心扫除，即将许多无谓的计较扫除，如此，可以做到"仁者不忧"的境域；有忧时，就是"先天下之忧而忧"，为人类——如父母、妻子、朋友、国家、世界——而痛苦。免除私忧，即所以免烦恼。

我认东方宇宙未济人类无我之说，并非论理学的认识，实在如此。我用功虽少，但时时能看清此点，此即我的信仰。我常觉快乐，悲愁不足扰我，即此信仰之光明所照。我现已年老，而趣味淋漓，精神不衰，亦靠此人生观。至于我的人生观，对不对，好不好，或与诸君的病合不合，都是另外一问题。我在此讲学，并非对于诸君有知识上的贡献，有呢，就在这一点。好不好，我自己也不知道。不过，诸君要知道自己的精神饥荒，要找方法医治，我吃此药，觉得有效，因此贡献诸君采择。世界的将来，要靠诸君努力。

本文为一九二三年一月十三日梁启超在东南大学所作的课毕告别辞，李竞芳、王觉新笔记

选自《梁任公学术讲演集》（商务印书馆一九二二年版）

大家
讲谈

梁先生北海谈话记

先生每于暑期将近时，约同学诸君作北海之游，俯仰咏啸于快雪浴兰之堂，亦往往邀名师讲学其间。去年夏，宝山张君劢先生因事来京，为诸同学讲宋贤名理，盖穆然有鹅湖、鹿洞之遗风焉。今夏复赓盛游，以时故，诸贤因不能莅止，先生恐无以孚此嘉会，故自述此篇，以为诸同学之勉策云尔。弟子海宁吴其昌。

今天本想约一二位朋友来演讲的，但是都不能来，故只好自己稍谈几句。现在一学年快完了，自己在学校内一年以来，每星期除了在讲堂上与同学会面外，其余接谈时间已不能多，暑期以后，有许多同学，不能再来了，即能再来，也暂时有三四月的分别，所以借此地，约大家来玩玩。本来此地是风景最美的地方，也可以说是我们的先后同学的一个纪念的地方。

大约三十多年前，我二十余岁，在长沙，与几位同志办了个时务学堂。学生先后两班，每班各四十人，办了一年多，遇着戊戌政变，学堂解散了。第一班同学中有位蔡松坡，那时他只有十余岁，在班中算是年龄最轻的。

想起三十年前事，令我很有感触；那时算是中国最初办的学校，功课简陋得可笑；但我现在回忆，还是非常有兴趣；因为人数很少，所以感情易融洽；而功课简单，也就有简单的好处。现在学校功课是多极了，试问学生终日忙忙于机械的训谏中，那有深造自得的机会？在那时功课是很少的，而同学也就各专习一科；而且精神非常团结。同学们都成了极好的朋友，共了多少次患难，几十人，几乎变成了一人。功课因专做一两门，精力集中，故比较的能深造，最少可以说物质的、功利的观念，比现在不知浅薄多少。当时同学于"书本子"学问之外，大家对于"做人"方法，非常注意，所以后来人材很多。

蔡松坡在全班四十人中，也算是高材生之一，当时的批评：最好的是李炳寰，其次是林圭，蔡松坡可以轮到第三，李、林二人，都是于庚子革命之役殉难了。那一役主持的人是时务学堂教员唐佛尘先生才常，他是中国第一次革命的领袖，成仁于汉口，我们同学随同殉难的有二十多人，与唐先生同为中国第一次革命的牺牲者。那时因蔡松坡年纪还小，唐先生不许他直接加入革命事务，叫他带信到湖南给黄泽生先生。黄先生是当时在湖南带领新军的，他是罗忠节公的再传弟子，生平一切私淑罗忠节公；他虽然和我们同志，却认为时机未到，屡劝唐先生忍耐待时。他不愿意蔡松坡跟着牺牲，便扣留着不放他回去。松坡当时气愤极了，后来汉口事完全失败，黄先生因筹点学费，派松坡往日本留学。从日本回来，方入政界，卒至为国劳瘁而死；于护国之役这一次，总算替国家办了点事业。他死的时候，不过三十五岁，假使他多活十年，也不过四十五岁，至少国内局面，比今天不同一点。

当时我们看松坡，也不过是个好学的小学生罢了；他自己也想不到后来为国家的大材。一个人将来是什么样人谁也不能料定的，此不独蔡松坡为然，例如：诸葛武侯在隆中的时候，曾文正公在四十岁以前，胡文忠公在三十五六岁以前，他自己也就没有料到将来会做这样伟大的事。不过国家需要人材，那是时时需要的，而人们当时时准备着，以供国家的要求。遇到相当的机会，便立刻可以替国家服务。所谓事业也不必一定限定于政治的军事的，才可算事业；所以一个人，能抱定为国家服务的意旨，不会没有建设的。就怕自家没有准备着，则机会来了，当然只有放弃的，所以我们当修养着，自己认清自己的责任。

反观现在的学校，多变成整套的机械作用：上课下课，闹得头昏眼花；进学校的人，大多数除了以得毕业文凭为目的以外，更没有所谓意志，也没有机会做旁的事情，有志的青年们，虽然不流于这种现象，也无从跳出圈套外。于是改造教育的要求，一天比一天迫切了。我这两年来清华学校当教授，当然有我的相当抱负而来的：我颇想在这种新的机关之中，参合着旧的精神。吾所理想的，也许太难不容易实现：我要想把中国儒家道术的修养来做底子，而在学校功课上把他体现出来。在已往的儒家各个不同的派别中，任便做那一家，那都可以的，不过总要有这类的修养来打底子；自己把做人的基础，先打定了。吾相信假定没有这类做人的基础，那末做学问并非为自己做的。至于智识一方面，固然要用科学方法来研究，而我所希望的是：科学不但应用于求智识，还要用来做自己人格修养的工具。这句话怎么讲呢？例如当研究一个问题时，态度应如何忠实，工作应如何耐烦，见解要如何独立，整理组织应如何浣理而且细密……凡此之类，都一面求智识，同时一面即用以磨炼人格，道德的修养，与智识的推求，两者打成一片。现世的学校，完全偏在智识一方面，而老先生又统统偏在修养一边，又不免失之太空了；所以要斟酌于两者之间。我所最希望的是：在求智识的时候，不要忘记了我这种做学问的方法，可以为修养的工具；而一面在修养的时候，也不是参禅打坐的空修养，要如王阳明所谓在"事上磨炼"。

事上磨炼，并不是等到出了学校入到社会才能实行，因为学校本来就是一个社会，除方才所说用科学方法作磨炼工具外，如朋友间相处的方法，乃至一切应事接物，何一不是我们用力的机会。我狠痴心，想把清华做这种理想的试验场所。但照这两年的经过看来，我的目的，并非能达到多少。第一个原因，全国学风都走到急功近利及以断片的智识相夸耀，谈到儒家道术的修养，都以为迂阔不入耳，在这种氛围之下，想以一个学校极少数人打出一条血路，实在是不容易。第二件，清华学校自有他的历史，自有他的风气，我不过是几十位教员中之一位，当未约到多数教员合作以前，一个人很难为力的。第三件，我自己也因智识方面嗜好太多，在堂上讲课与及在私室和诸君接谈时，多半也驰骛于断片的智识，不能把精神集中于一点。因为这种原因，所以两年来所成就，不能如当初的预期。

我对于同学诸君，尤其万分抱歉。大学部选修我的功课的，除了堂上听讲外，绝少接谈的机会，不用说了，就是在研究院中，恐怕也不能不令诸君失望。研究院的形式，很有点像道尔顿制的教育，各人自己研究各人的嗜好，而请教授指导指导。老实说，我对于任何学问，并没有专门的特长，所以对于诸同学的工作，中间也有我所知道的，我当然很高兴地帮帮他们的忙；也许有我们同学的专门工作，比我还做得好，这倒不是客气话。外国研究院中的教授，于很隘小的范围内的学问，他真个可以指导研究，而除此隘小范围以外，他都不管；而我今日在研究院中的地位，却是糟了！同学以为我什么都懂得，所以很亲密地天天来请教我；而我自己觉得很惭愧，没有充分帮助。不过，虽然如此，而我的希望，仍然很浓厚着，仍努力继续下去。什么希望呢？假定要我指导某种学问的最高境界，我简直是不能，可以说：我对于专门学问深刻的研究，在我们同事诸教授中，谁都比我强，我谁都赶不上他；但是，我情愿每天在讲堂上讲做学问的方法。或者同学从前所用的方法不十分对，我可以略略加以纠正。或者他本

（上）◎1925年，清华学校国学研究院教师合影
（下）◎1926年夏，清华研究院第一届学生毕业时师生合影

来已得到方法，而我的方法，可以为相当的补助。这一点，我在智识上对于诸同学可以说是有若干的暗示；也许同学得到我这种的暗示，可以得到作学问的路，或者可以加增一点勇气。

还有一点：我自己做人，不敢说有所成就；不过直到现在，我觉得还是天天想向上。在人格上的磨炼及扩充，吾自少到现在，一点不敢放松。对于诸同学，我不敢说有多少人格上的感化，不过我总想努力，令不至有若干恶影响到诸同学。诸同学天天看我的起居，谈笑，各种琐屑的生活，或者也可以供我同学们相当的暗示或模范。大家至少可以感觉到这一点：我已有一日之长，五十余岁的人，而自己训炼自己的工作，一点都不肯放过，不肯懈怠；天天看惯了这种样子，也可以使我们同学得到许多勇气。所以我多在校内一年，我们一部同学，可以多得一年的薰染，则我的志愿，已算是不虚了。

现在中国的情形，糟到什么样了！将来如何变化？谁也不敢推测。在现在的当局者，那一个是有希望的？那一个帮派是有希望的？那末中国就此沉沦下去了吗？不！决不的！如果我们这样想，那我们便太没有志气，太不长进了！现在的一般人，做的不好，固然要后人来改正；就是现在一般人，做的很好，也要后人来继续下去。现在学校的人，当然是将来中国的中坚；然而现在学校里的人，准备了没有？准备什么样来担任这个重大的责任？智识才能，固然是要的；然而道德的信仰，——不是宗教——是断然不可少的。现在时事，糟到这样，难道是缺乏智识才能的缘故么？老实说：甚么坏事情，不是智识才能分子做出来的？现在一般人，根本就不相信道德的存在，而且想把他留下的残余，根本去划除。

我们一回头，看数十年前，曾文正公那般人的修养。他们看见当时的社会也坏极了，他们一面自己严厉的约束自己，不跟恶社会跑，而同时就以这一点来朋友间相互勉励，天天这样琢磨着，可以从他们往来的书札中考见。一见面，一动笔，所用以切磋观磨规劝者，老是这么样坚忍，这么样忠实，这么样吃苦，有恒，负责任，……这一些话；这些话看起来是很普通的，而他们就只用这些普通话来训练自己。不怕难，不偷巧，最先从自己做起，立个标准，扩充下去，渐次声应气求，扩充到一班朋友，久而久之，便造成一种风气，到时局不可收拾的时候，就只好让他们这班人出来收拾了。所以曾，胡，江，罗，一般书呆子，居然被他们做了这样伟大的事业，而后来咸丰以后风气，居然被他们改变了，造成了他们做书呆子时候的理想道德社会了。可惜江公、罗公，早死一点，不久胡公也死了，单剩曾文正公，晚年精力也衰了。继曾文正公者，是李文忠公。他就根本不用曾胡罗诸人的"道德改造"政策，而换了他的"功利改造"政策。他的智力才能，确比曾文正公强；他专奖励一班只有才能不讲道德的人物。继他而起的，是袁项城，那就变本加厉，明目张胆的专提拔一种无人格的政客作他的爪牙，天下事就大糟而特糟了。顾亭林《日知录》批评东汉的名节，数百年养成不足，被曹操一人破坏之而有余，正是同出一辙呀。

李文忠公，功名之士；以功名为本位，比较以富贵为本位的人，还算好些。再传下去，便不堪设想了，"其父杀人报仇，其子必且行劫"；袁项城就以富贵为本位了！当年曾胡江罗以道德，气节，廉耻，为提倡的成迹，遂消灭无遗。可怜他们用了大半世的功力，象有点眉目了，而被李文忠公以下的党徒，根本铲除一点也不留，无怪数十年来中国的内乱便有增无已了。一方面又从外国舶来了许多什么党，什么派，什么主义，……譬如孙中山先生，他现在已死了，我对他不愿意有甚么苛论，且我对于他的个人，也有相当的佩服：——但是，孙中山比袁项城总算好得多了。不过，至少也是李鸿章所走的一条路。尤其是他的党派见解：无论甚么样的好人，不入他的党，多得挨臭骂；无论甚么坏东西，只要一入他的党，立刻变成了很好的好人。固然，国民党的发达，就是靠这样投机者之投机；而将来的致命伤，也都尽在这般人之中，这句话似乎可以断定吧？

现在既然把甚么道德的标准，统统破坏无遗；同时，我们解剖现代思想的潮流，就不出这二股范围之外，一是袁世凯派，二是孙中山派，而一方面老先生们，又全不知挽救的方法，天天空讲些礼教，刚刚被一般青年看做笑话的资料而瞧不起他。我们试看曾文正公等，当时是甚么样修养的？是这样的么？他们所修养的条件：是甚么样克己，甚么样处事，甚么样改变风气，……先从个人，朋友，少数人做起，诚诚恳恳，脚踏实地的，一步一步做去；一毫不许放松，我们读曾氏的《原才》，便可见了。风气虽坏，自己先改造自己，以次改造我的朋友，以及朋友的朋友，找到一个是一个，这样继续不断的努力下去，必然有相当的成功。假定曾文正胡文忠迟死数十年，也许他们的成功是永久了；假定李文忠袁项城也走这一条路，也许直到现在还能见这种风气呢！

然而现在的社会，是必须改造的！不改造他，眼看他就此沈沦下去，这是我们的奇耻大辱！但是谁来改造他？一点不客气，是我辈！我辈不改造，谁来改造？要改造社会，先从个人做人方面做去，以次及于旁人，一个，二个，以至千万个，……只要我自己的努力不断，不会终没有成绩的。江，罗诸公，我们知道他是个乡下先生，他为什么有这样伟大的事业？在这一点上，我对于诸同学，很抱希望：希望什么？希望同学以改造社会风气为各人自己的责任。

至于成功么？是不可说的。天地一日没有息；我相信我们没有绝对成功的一日。我们能工作一部分，就有一部的成迹，最怕是不做。尤其我们断不要忘了这句话：社会坏，我们切不要"随其流而扬其波，哺其糟而啜其醨"。不然，则社会愈弄愈坏，坏至于极，是不堪设想的。至少我有一分力量，要加以一分的纠正。至于机会之来不来，是不可说的；但是无论有没有机会，而我们改善社会的决心的责任，是绝对不能放松的。所以我希望我们同学不要说："我的力量太小"，或者说："我们在学校里，是没有功夫的。"实际上，只要你有多少力量，尽多少责任就得。至于你无论在什么地方，总是社会的一分子，你也尽一分子的力，我也尽一分子的力，力就大了。将来无论在政治上，或教育上，或文化上，或社会事业上……乃至其他一切方面，你都可以建设你预期的新事业，造成你理想的新风气，不见得我们的中国就此沈沦下去的。这是对于品格上修养的话。

至于智识上的修养——在学问著述方面，改造自己，那末因我个人对于史学有特别兴趣，所以昔时曾经发过一个野心，要想发愤从新改造一部中国史。现在知道，这是绝对不是一个人的力量所可办到的。非分工合作，是断不能做成的。所以我在清华，也是这个目的：希望用了我的方法，遇到和我有同等兴味的几位朋友，合起来工作，忠实的切实的努力一下。我常常这样地想：假定有同志约二三十人，用下二三十年工夫，终可以得到一部比较好的中国史。我在清华二年，也总可说已经得到几个了；将来或聚在一块，或散在各方，但是终有合作的可能。我希望他们得我多少暗示的帮助，将来他们的成绩比我强几倍。

归纳起来罢！以上所讲的有二点：

（一）是做人的方法，——在社会上造成一种不逐时流的新人。

（二）是做学问的方法，——在学术界上造成一种适应新潮的国学。

我在清华的目的如此，虽不敢说我的目的，已经满足达到，而终已得了几个很好的朋友，这也是使我自己可以安慰自己的一点。

今天，是一年快满的日子了，趁天气清和时候约诸同学在此相聚，我希望在座的同学们，能完全明了，了解这二点——做人，做学问，——而努力向前干下去呀！

还有与朋友之间，最好是互相劝导切磨，所谓"相观而善"。一个人生平不得到一个很好的朋友，他的痛苦，比鳏寡孤独还难过；但是朋友可以找出来的，还可以造出来的。我去改造他，他来改造我。一方面可以找朋友，一方面可以造朋友。所以无论何人，终该要有朋友的，然而，得好朋友，是何等不容易啊？得到了朋友，要看古人对于朋友如何的劝磨，如何的规正；最少不要象现在"功利派"利害的结合：因了一点无聊的纠葛，或者互相团结，或者互相闹翻，日后想起来，只有可笑，没有话说。我情愿我们同学中永远不会发生因一点无聊的事情，而感情发生裂痕，类似这一类的事实。我情愿吾们同学大家以至诚相待，不忘了互相改造与策勉，亲密到同家人父子兄弟一样，那是何等痛快！因为朋友是很难得的，日后散了，回想当时聚在一起做学问的快活，是不能再得的了！

　　我今天所讲的话，很无伦次，本来不过既然约诸位到此地来玩，随便谈谈罢了。不过，总可算是很真挚的话。

**　　本文为一九二七年梁启超与清华学校研究院学生的谈话，周传儒、吴其昌记**

原载一九二七年初夏《清华学校研究院同学录》

236

三十自述

"风云入世多，日月掷人急。如何一少年，忽忽已三十。"此余今年正月二十六日在日本东海道汽车中所作《三十初度·口占十首》之一也。人海奔走，年光蹉跎，所志所事，百未一就，揽镜据鞍，能无悲惭？擎一既结集其文，复欲为作小传。余谢之曰："若某之行谊经历，曾何足有记载之一值。若必不获已者，则人之知我，何如我之自知？吾死友谭浏阳曾作《三十自述》，吾毋宁效颦焉。"作《三十自述》。

余乡人也，于赤县神州，有当秦汉之交，屹然独立群雄之表数十年，用其地与其人，称蛮夷大长，留英雄之名誉于历史上之一省；于其省也，有当宋元之交，我黄帝子孙与北狄异种血战不胜，君臣殉国，自沈崖山，留悲愤之记念于历史上之一县。——是即余之故乡也。乡名熊子，距崖山七里强，当西江入南海交汇之冲，其江口列岛七，而熊子宅其中央，余实中国极南之一岛民也。先世自宋末由福州徙南雄，明末由南雄徙新会，定居焉，数百年栖于山谷。族之伯叔兄弟，且耕且读，不问世事，如桃源中人。顾闻父老口碑所述，吾大王父最富于阴德，力耕所获，一粟一帛，辄以分惠诸族党之无告者。王父讳维清，字镜泉，为郡生员，例选广文，不就。

王母氏黎。父名宝瑛，字莲涧，夙教授于乡里。母氏赵。

余生同治癸酉正月二十六日，实太平国亡于金陵后十年，清大学士曾国藩卒后一年，普法战争后三年，而意大利建国罗马之岁也。生一月而王母黎卒。逮事王父者十九年。王父及见之孙八人，而爱余尤甚。三岁仲弟启勋生，四五岁就王父及母膝下授四子书、《诗经》，夜则就睡王父榻，日与言古豪杰哲人嘉言懿行，而尤喜举亡宋、亡明国难之事，津津道之。六岁后，就父读，受中国略史，五经卒业。八岁学为文。九岁能缀千言。十二岁应试学院，补博士弟子员，日治帖括，虽心不慊之，然不知天地间于帖括外，更有所谓学也，辄埋头钻研，顾颇喜词章。王父、父母时授以唐人诗，嗜之过于八股。家贫无书可读，惟有《史记》一，《纲鉴易知录》一，王父、父日以课之，故至今《史记》之文，能成诵者八九。父执有爱其慧者，赠以《汉书》一，姚氏《古文辞类纂》一，则大喜，读之卒业焉。父慈而严，督课之外，使之劳作，言语举动稍不谨，辄呵斥不少假借，常训之曰："汝自视乃如常儿乎！"至今诵此语不敢忘。十三岁始知有段、王训诂之学，大好之，渐有弃帖括之志。十五岁，母赵恭人见背，以四弟之产难也，余方游学省会，而时无轮舶，奔丧归乡，已不获亲含殓，终天之恨，莫此为甚。时肆业于省会之学海堂，堂为嘉庆间前总督阮元所立，以训诂词章课粤人者也。至是乃决舍帖括以从事于此，不知天地间于训诂词章之外，更有所谓学也。己丑年十七，举于乡，主考为李尚书端棻，王镇江仁堪。年十八计偕入京师，父以其稚也，挈与偕行，李公以其妹许字焉。下第归，道上海，从坊间购得《瀛环志略》读之，始知有五大洲各国，且见上海制造局译出西书若干种，心好之，以无力不能购也。

其年秋，始交陈通甫。通甫时亦肆业学海堂，以高才生闻。既而通甫相语曰："吾闻南海康先生上书请变法，不达，新从京师归，吾往谒焉，其学乃为吾与子所未梦及，吾与子今得师矣。"于是乃因通甫修弟子礼事南海先生。时余以少年科第，且于时流所推重之训诂词章学，颇有所知，辄沾沾自喜。先生乃以大海潮音，作师子吼，取其所挟持之数百年无用旧学更端驳诘，悉举而摧陷廓清之。自辰入见，及戌始退，冷水浇背，当头一棒，一旦尽失其故垒，惘惘然不知所从事，且惊且喜，且怨且艾，且疑且惧，与通甫联床竟夕不能寐。明日再谒，请为学方针，先生乃教以陆王心学，而并及史学、西学之梗概。自是决然舍去旧学，自退出学海堂，而间日请业南海之门。生平知有学自兹始。

辛卯余年十九，南海先生始讲学于广东省城长兴里之万木草堂，徇通甫与余之请也。先生为讲中国数千年来学术源流，历史政治，沿革得失，取万国以比例推断之。余与诸同学日札记其讲义，一生学问之得力，皆在此年。先生又常为语佛学之精奥博大，余凤根浅薄，不能多所受。先生时方著《公理通》《大同学》等书，每与通甫商榷，辨析入微，余辄侍末席，有听受，无问难，盖知其美而不能通其故也。先生著《新学伪经考》，从事校勘；著《孔子改制考》，从事分纂。日课则《宋元明儒学案》、二十四史、《文献通考》等。而草堂颇有藏书，得恣涉猎，学稍进矣。其年始交康幼博。十月，入京师，结婚李氏。明年壬辰，年二十，王父弃养。自是学于草堂者凡三年。

甲午年二十二，客京师，于京国所谓名士者多所往还。六月，日本战事起，愀悯时局，时有所吐露，人微言轻，莫之闻也。顾益读译书，治算学、地理、历史等。明年乙未，和议成，代表广东公车百九十人，上书陈时局。既而南海先生联公车三千人，上书请变法，余亦从其后奔走焉。其年七月，京师强学会开，发起之者，为南海先生，赞之者为郎中陈炽，郎中沈曾植，编修张孝谦，浙江温处道袁世凯等。余被委为会中书记员。不三月，为言官所劾，会封禁。而余居会所数月，会中于译出西书购置颇备，得以余日尽浏览之，尔后益斐然有述作之志。其年始交谭复生、杨叔峤，吴

季清、铁樵、子发父子。

京师之开强学会也，上海亦踵起。京师会禁，上海会亦废。而黄公度倡议续其余绪，开一报馆，以书见招。三月去京师，至上海，始交公度。七月《时务报》开，余专任撰述之役，报馆生涯自兹始，著《变法通议》《西学书目表》等书。其冬，公度简出使德国大臣，奏请偕行，会公度使事辍，不果。出使美、日、秘大臣伍廷芳，复奏派为参赞，力辞之。伍固请，许以来年往，既而终辞，专任报事。丁酉四月，直隶总督王文韶，湖广总督张之洞，大理寺卿盛宣怀，连衔奏保，有旨交铁路大臣差遣，余不之知也。既而以札来，黏奏折上谕焉，以不愿被人差遣辞之。张之洞屡招邀，欲致之幕府，固辞。时谭复生宦隐金陵，间月至上海，相过从，连舆接席。复生著《仁学》，每成一篇，辄相商榷，相与治佛学，复生所以砥砺之者良厚。十月，湖南陈中丞宝箴，江督学标，聘主湖南时务学堂讲席，就之。时公度官湖南按察使，复生亦归湘助乡治，湘中同志称极盛。未几，德国割据胶州湾事起，瓜分之忧，震动全国，而湖南始创南学会，将以为地方自治之基础，余颇有所赞画。而时务学堂于精神教育，亦三致意焉。其年始交刘裴邨、林暾谷、唐绂丞，及时务学堂诸生李虎村、林述唐、田均一、蔡树珊等。

明年戊戌，年二十六。春，大病几死，出就医上海，既瘥，乃入京师。南海先生方开保国会，余多所赞画奔走。四月，以徐侍郎致靖之荐，总理衙门再荐，被召见，命办大学堂译书局事务。时朝廷锐意变法，百度更新，南海先生深受主知，言听谏行，复生、暾谷、叔峤、裴邨，以京卿参预新政，余亦从诸君子之后，黾勉尽瘁。八月政变，六君子为国流血，南海以英人仗义出险，余遂乘日本大岛兵舰而东。去国以来，忽忽四年矣。

戊戌九月至日本，十月与横滨商界诸同志谋设《清议报》。自此居日本东京者一年，稍能读东文，思想为之一变。己亥七月，复与滨人共设高

等大同学校于东京，以为内地留学生预备科之用，即今之清华学校是也。其年美洲商界同志，始有中国维新会之设，由南海先生所鼓舞也。冬间美洲人招往游，应之。以十一月首途，道出夏威夷岛，其地华商二万余人，相縻留，因暂住焉，创夏威夷维新会。适以治疫故，航路不通，遂居夏威夷半年。至庚子六月，方欲入美，而义和团变已大起，内地消息，风声鹤唳，一日百变。已而屡得内地函电，促归国，遂回马首而西，比及日本，已闻北京失守之报。七月急归沪，方思有所效，抵沪之翌日，而汉口难作，唐、林、李、蔡、黎、傅诸烈，先后就义，公私皆不获有所救。留沪十日，遂去，适香港，既而渡南洋，谒南海，遂道印度，游澳洲，应彼中维新会之招也。居澳半年，由西而东，环洲历一周而还。辛丑四月，复至日本。

尔来蛰居东国，忽又岁余矣，所志所事，百不一就。惟日日为文字之奴隶，空言喋喋，无补时艰。平旦自思，只有惭悚。顾自审我之才力，及我今日之地位，舍此更无术可以尽国民责任于万一。兹事虽小，亦安得已。一年以来，颇竭棉薄，欲草一中国通史以助爱国思想之发达，然荏苒日月，至今犹未能成十之二。惟于今春为《新民丛报》，冬间复创刊《新小说》，述其所学所怀抱者，以质于当世达人志士，冀以为中国国民遒铎之一助。呜呼！国家多难，岁月如流，眇眇之身，力小任重。吾友韩孔广诗云："舌下无英雄，笔底无奇士。"呜呼，笔舌生涯，已催我中年矣！此后所以报国民之恩者，未知何如？每一念及，未尝不惊心动魄，抑塞而谁语也。

孔子纪年二千四百五十三年壬寅十一月，任公自述。

选自《饮冰室文集》丙申集（广智书局一九〇三年版）

给孩子们书

1927年2月16日

（这几张可由思成保存，但仍须各人传观，因为教训的话于你们都有益的。）

思成和思永同走一条路，将来互得联络观摩之益，真是最好没有了。思成来信问有用无用之别，这个问题很容易解答，试问唐开元、天宝间李白、杜甫与姚崇、宋璟比较，其贡献于国家者孰多？为中国文化史及全人类文化史起见，姚、宋之有无，算不得什么事，若没有了李、杜，试问历史减色多少呢？我也并不是要人人都做李、杜，不做姚、宋，要之，要各人自审其性之所近何如，人人发挥其个性之特长，以靖献于社会，人才经济莫过于此。思成所当自策厉者，惧不能为我国美术界作李、杜耳。如其能之，则开元、天宝间时局之小小安危，算什么呢？你还是保持这两三年来的态度，埋头埋脑做去便对了。

你觉得自己天才不能副你的理想，又觉得这几年专做呆板工夫，生怕会变成画匠。你有这种感觉，便是你的学问在这时期内将发生进步的特征，我听见倒喜欢极了。孟子说："能与人规矩，不能使人巧。"凡学校所教与所学总不外规矩方面的事，若巧则要离了学校方能发见。规矩不过求巧的一种工具，然而终不能不以此为教，以此为学者，正以能巧之人，习熟规矩后，乃愈益其巧耳。（不能巧者，依着规矩可以无大过。）你的天才到底怎么样，我想你自己现在也未能测定，因为终日在师长指定的范围与条件内用功，还没有自由发掘自己性灵的余地。况且凡一位大文学家、大美术家之成就，常常还要许多环境与及附带学问的帮助。中国先辈屡说要"读万卷书，行万里路"。你两三年来蛰居于一个学校的图案室之小天地中，许多潜伏的机能如何便会发育出来，即如此次你到波士顿一趟，便发生许多刺激，区区波士顿算得什么，比起欧洲来真是"河伯"之与"海若"，若和自然界的崇高伟丽之美相比，那更不及万分一了。然而令你触发者已经如此，将来你学成之后，常常找机会转变自己的环境，扩大自己的眼界和胸次，到那时候或者天才会爆发出来，今尚非其时也。今在学校中只有把应学的规矩，尽量学足，不惟如此，将来到欧洲回中国，所有未学的规矩也还须补学，这种工作乃为一生历程所必须经过的，而且有天才的人绝不会因此而阻抑他的天才，你千万别要对此而生厌倦，一厌倦即退步矣。至于将来能否大成，大成到怎么程度，当然还是以天才为之分限。我生平最服膺曾文正两句话："莫问收获，但问耕耘。"将来成就如何，现在想他则甚？着急他则甚？一面不可骄盈自慢，一面又不可怯弱自馁，尽自己能力做去，做到那里是那里，如此则可以无入而不自得，而于社会亦总有多少贡献。我一生学问得力专在此一点，我盼望你们都能应用我这点精神。

（节录）

1927年8月29日

一个多月没有写信，只怕把你们急坏了。

不写信的理由很简单，因为向来给你们的信都在晚上写的。今年热得要命，加以蚊子的群众运动比武汉民党还要利害，晚上不是在院中外头，就是在帐子里头，简直五、六十晚没有挨着书桌子，自然没有写信的机会了，加以思永回来后，谅来他去信不少，我越发落得躲懒了。

关于忠忠学业的事情，我新近去过一封电，又思永有两封信详细商量，想早已收到。我的主张是叫他在威士康逊把政治学告一段落，再回到本国学陆军。因为美国决非学陆军之地，而且在军界活动，非在本国有些"同学系"的关系不可以。以"打人学校"决不要进。至于国内何校最好，我在这一年内切实替你调查预备便是。

思成再留美一年，转学欧洲一年，然后归来最好。关于思成学业，我有点意见。思成所学太专门了，我愿意你趁毕业后一两年，分出点光阴多学些常识，尤其是文学或人文科学中之某部门，稍为多用点工夫。我怕你因所学太专门之故，把生活也弄成近于单调，太单调的生活，容易厌倦，厌倦即为苦恼，乃至堕落之根源。再者，一个人想要交友取益，或读书取益，也要方面稍多，才有接谈交换，或开卷引进的机会。不独朋友而已，即如在家庭里头，像你有我这样一位爹爹，也属人生难逢的幸福；若你的学问兴味太过单调，将来也会和我相对词竭，不能领着我的教训，你全生活中本来应享的乐趣，也削减不少了。我是学问趣味方面极多的人，我之所以不能专积有成者在此，然而我的生活内容异常丰富，能够永久保持不厌不倦的精神，亦未始不在此。我每历若干时候，趣味转过新方面，便觉得像换个新生命，如朝旭升天，如新荷出水，我自觉这种生活是极可爱的，极有价值的。我虽不愿你们学我那泛滥无归的短处，但最少也想你们参采我那烂漫向荣的长处。（这封信你们留着，也算我自作的小小像赞。）我这两年来对于我的思成，不知何故常常像有异兆的感觉，怕他渐渐会走入孤峭冷僻一路去。我希望你回来见我时，还我一个三四年前活泼有春气的孩子，我就心满意足了。这种境界，固然关系人格修养之全部，但学业上之薰染陶熔，影响亦非小。因为我们做学问的人，学业便占却全生活之主要部分。学业内容之充实扩大，与生命内容之充实扩大成正比例。所以我想医你的病，或预防你的病，不能不注意及此。这些话许久要和你讲，因为你没有毕业以前，要注重你的专门，不愿你分心，现在机会到了，不能不慎重和你说。你看了这信，意见如何（徽音意思如何），无论校课如何忙迫，是必要回我一封稍长的信，令我安心。

你常常头痛，也是令我不能放心的一件事，你生来体气不如弟妹们强壮，自己便当自己格外搏节补救，若用力过猛，把将来一身健康的幸福削减去，这是何等不上算的事呀。前在费校功课太重，也是无法，今年转校之后，务须稍变态度。我国古来先哲教人做学问方法，最重优游涵饮，使自得之。这句话以我几十年之经谂结果，越看越觉得这话亲切有味。凡做学问总要"猛火熬"和"慢火炖"两种工作循环交互着用去。在慢火炖的时候才能令所熬的起消化作用融洽而实有诸己。思成，你已经熬过三年了，这一年正该用炖的工夫。不独于你身子有益，即为你的学业计，亦非如此不能得益。你务要听爹爹苦口良言。

庄庄在极难升级的大学中居然升级了，从年龄上你们姊妹弟兄们比较，你算是最早一个大学二年级生，你想爹爹听着多么欢喜。你今年还是普通科大学生，明年便要选定专门了，你现在打算选择没有？我想你们弟兄姊妹，到今还没有一个学自然科学，很是我们家里的憾事，不知道你性情到底近这方面不？我很想你以生物学为主科，因为它是现代最进步的自然科学，而且为哲学社会学之主要基础，极有趣而不须粗重的工作，

◎ 梁启超致孩子们书信

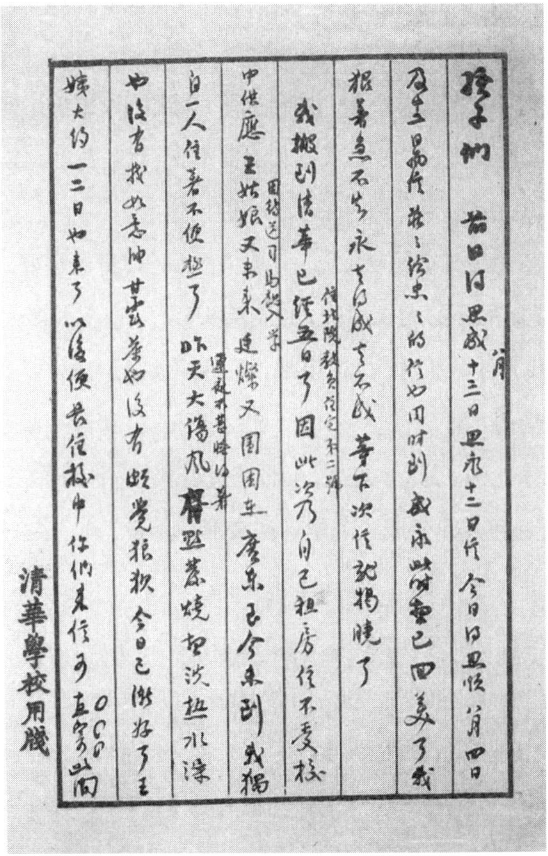

清華學校用牋

于女孩子极为合宜，学回来后本国的生物随在可以采集试验，容易有新发明。截到今日止，中国女子还没有人学这门（男子也很少），你来做一个"先登者"不好吗？还有一样，因为这门学问与一切人文科学有密切关系，你学成回来可以做爹爹一个大帮手，我将来许多著作，还要请你做顾问哩！不好吗？你自己若觉得性情还近，那么就选他，还选一两样和他有密切联络的学科以为辅。你们学校若有这门的好教授，便留校，否则在美国选一个最好的学校转去，姊姊哥哥们当然会替你调查妥善，你自己想想定主意罢。

专门科学之外，还要选一两样关于自己娱乐的学问，如音乐、文学、美术等。据你三哥说，你近来看文学书不少，甚好甚好。你本来有些音乐天才，能够用点功，叫他发荣滋长最好。

姊姊来信说你因用功太过，不时有些病。你身子还好，我倒不十分担心，但做学问原不必太求猛进，像装罐头样子，塞得太多太急，不见得便会受益。我方才教训你二哥，说那"优游涵饮，使自得之"，那两句话，你还要记着受用才好。

你想家想极了，这本难怪，但日子过得极快，你看你三哥转眼已经回来了，再过三年你便变成一个学者回来帮着爹爹工作，多么快活呀！

（节录）

选自《梁启超年谱长编》（上海人民出版社一九八三年版）